感覚統合をいかし
適応力を育てよう 1.

発達障害の子の

作業療法士
監修 木村 順

感覚遊び 運動遊び

健康ライブラリー スペシャル

講談社

まえがき

いま、あなたは未来社会にいて、新開発された人型ロボットの運転席に座っています。しかし、この「運転席」には、目の前の景色を映している「モニター画面」と外の音を伝えてくれる「スピーカー」、そして運転するための「ハンドル・レバー」と「アクセル・ペダル」「ブレーキ・ペダル」しかありませんでした。さて、あなたはこの人型ロボットで「木登り」に挑戦することにしたのですが、はたして「上手に運転」することはできるでしょうか?

答えは「ノー」ですね。理由は、「上手に運転できているか否か」を教えてくれる情報源が、わずかな映像と音しかないからです。

たとえば、両手は「視野」に入るので、どの枝をつかめばよいかの判断はできたとしても、足の動きはみえません。足の「曲げ伸ばし状態」や「力の入れ加減」などがわからなければ足を踏みはずしてしまいます。また、「手足・体の位置関係」や「サイズ・りんかく」の情報も必要です。体がどの程度「傾いている」のかがわからなければ、人型ロボットの運転はデタラメになり、木から落っこちてしまいます。

私たちの日々は、人型ロボットではなく「自分自身の体」を運転しています。その際に、「目や耳」からの情報だけでなく、全身から入ってくるさまざまな感覚情報がないと「動き」はコントロールできないのです。

この本では、うまく自分の「体」が使いこなせなくなっている子どもの背景に、視覚や聴覚以外の「感覚の使い方が崩れていたりゆがんでいる」ことを重視して解説しています。そういう意味では、「体」がテーマにはなっていますが、「感覚の使い方」に着目し、「感覚が上手に使いこなせる」ようになれば、「運動」だけでなく「動作や行動」の崩れを立て直すことができる、あるいは、まとまりが出てくるといった視点を大切にしています。

この一冊ですべてを語ることは不可能ですが、一人でも多くのお子さんが「自信」をもって「自分自身」を運転できるようになっていかれますことを心から願っています。

二〇一〇年九月一九日（次女の八歳の誕生日に）

作業療法士
木村　順

まえがき……1
木村先生からのメッセージ● 感覚遊び・運動遊びの効果は三、四時間しか続きません……6
木村先生からのメッセージ● 療育を、ピアノのレッスンにたとえてみましょう……8
木村先生からのメッセージ● 療育指導だけでなく、家庭でのとりくみも大切です……10

1 「体の使い方」がわからない子どもたち……11

体と感覚　子どもが体の動かし方、感じ方に悩んでいる……12
発達障害　適応能力のつまずきがキーワード……14
1 手先が不器用　はしを一生懸命使っているが、必ず食べ物をこぼす……16
2 運動が苦手　キャッチボールで、投げるのも受けとるのも苦手……18
3 姿勢が悪い　座っているとき、すぐに背中がぐにゃっと曲がる……20
4 落ち着きがない　授業中、じっと座っていられず、ソワソワする……22
5 集中力がない　ちょっとしたことに気をとられ、集中が切れる……24
6 我慢が苦手　よく考える前に手や口を出してしまう……26
7 行儀が悪い　友達の持ちものをなめたり口に入れたりする……28
8 拒否が多い　歯みがきや爪切りなどで親にさわられるのを嫌がる……30

9 運動がこわい　プールに浮くことやトランポリンをこわがる……32
10 音へのこだわり　トイレのエアータオルの音を一大事のようにこわがる……34
コラム 実感してみよう！　目をつぶって固有覚を実感……36

2 自覚しにくい「三つの感覚」が成長のカギ……37

感覚とは　体から脳、脳から体への情報の流れのこと……38
感覚とは　「三つの感覚」のトラブルが混乱を生む……40
皮膚の感覚　さわるとき、さわられるときに感じる「触覚」……42
筋肉・関節の感覚　手足や体の動きを感知する「固有覚」……44
バランス感覚　姿勢の維持・調節などに関わる「前庭覚」……46
感覚遊び・運動遊び　脳の中の、感覚の流れを整理する……48
感覚遊び・運動遊び　ベースは作業療法士エアーズの「感覚統合療法」……50
コラム 実感してみよう！　前庭覚の違いを実感……52

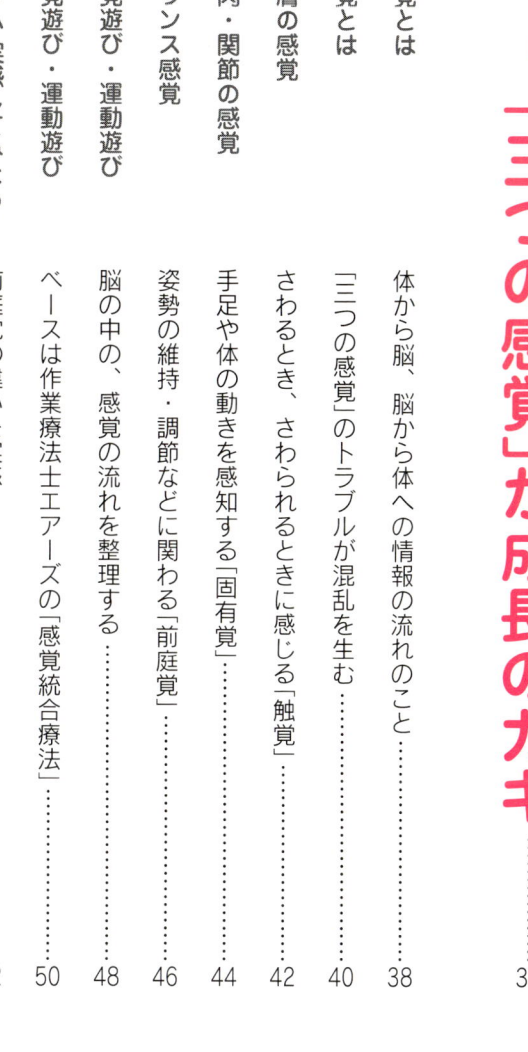

3 いますぐ家庭でできる「感覚遊び・運動遊び」

3 いますぐ家庭でできる「感覚遊び・運動遊び」……53
ホームプログラムの基本　家庭向け感覚遊び・運動遊び五つのポイント……54
タッチング遊び　スポンジやヘアブラシで、体の一部をさわる……56
タッチングクイズ　子どもの背中に線を書いてクイズをする……58
手形遊び　紙に手を置き、えんぴつなどでなぞって手形をつくる……60
手探り遊び　袋の中に手を入れ、中にあるものを言い当てる……62
コイン遊び　三本の指でコインをつまみ、貯金箱に入れる……64
ストレッチ遊び　関節がどこまで動かせるか、体験する……66
しがみつき遊び　子どもが自力でだっこの姿勢をキープする……68
ゆらゆら遊び　ブランコを使って、小さなゆれを経験する……70
数当てクイズ　ブランコなどに乗りながら、一瞬みえた数を当てる……72
グルグル遊び　回転するイスや、公園の遊具でグルグル回る……74
ジャンプ遊び　親が手を貸して、トランポリンで大ジャンプ……76
すべり遊び　すべり台で、さまざまな姿勢ですべってみる……78
アスレチック遊び　またぐ、くぐる、よじのぼるなどの動きを体験する……80
ツイスターゲーム　ふだんしたことのないポーズをして遊ぶ……82

音遊び　スピーカーなどを使って、音がこわくないことを体感する……84
コラム 実感してみよう！　前庭覚と眼球運動のつながりを実感……86

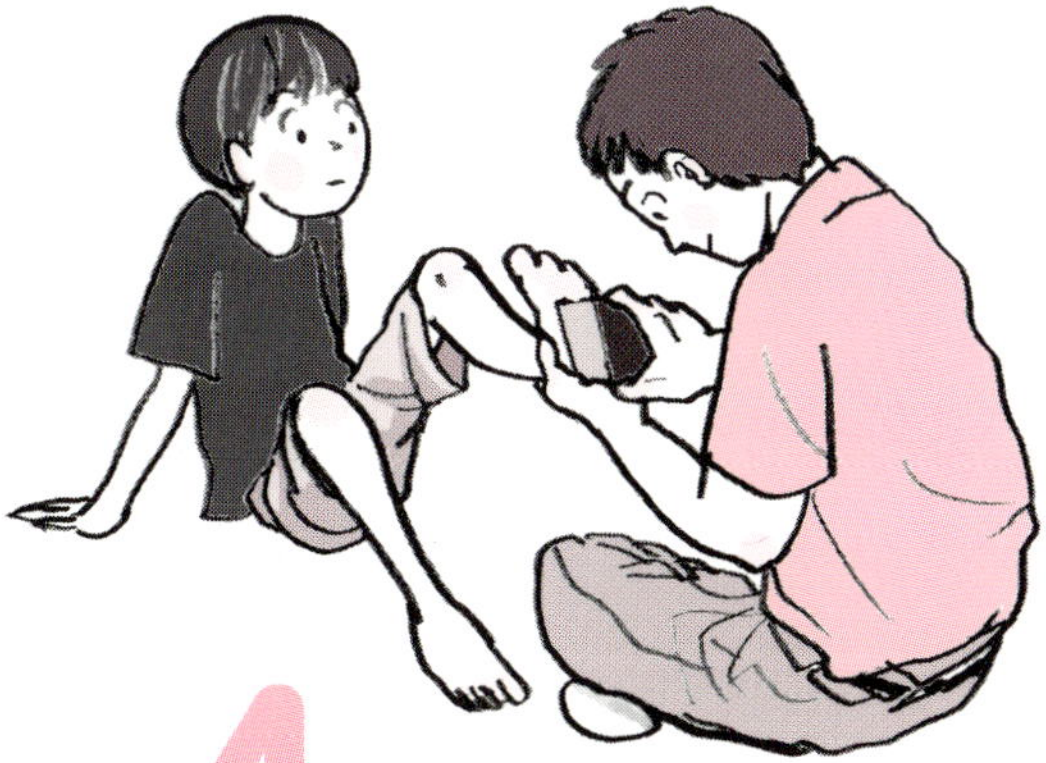

4 「気づいたらできていた」を目指して

……87
遊ぶときのポイント　夢中になって遊んでいるうちに感覚が育つ……88
遊ぶときのポイント　子どもが自分で自分をはげませるように……90
遊ぶときのポイント　親は楽しく育てる、専門家は正しく育てる……92
大切な二つの視点　発達的視点　子どもの「未学習」「誤学習」を読みとる……94
大切な二つの視点　療育的視点　仮説を立てて考える……96
コラム 実感してみよう！　そっとさわる、はっきりさわるの違い……98

木村先生からのメッセージ

感覚遊び・運動遊びの効果は三、四時間しか続きません

1 世の中には、さまざまな療育法《りょういくほう》があります。多くの療育家が、発達障害をはじめとする、子どもの発達のつまずきに、専門的な対応をしています。

2 木村の療育指導では、親子１組あたり約１時間かけて、相談を受けています。親子そろって来てもらい、それぞれから悩みを聞きます。子どもからも話を聞くことが大切です。

3 悩みを聞きながら、子どもの様子をよくみて、アドバイスをします。感覚遊び・運動遊びを活用して、親子ですぐにとりくめる対応を必ずひとつは助言するようにしています。

POINT

時間内にできることは少ない

かぎられた時間内でわかること、アドバイスできることには限界がある。専門的な療育を受けたからといって、すべてが解決するわけではない。

専門家は子どもが遊んでいる様子をみて、どのような特性があるか、把握する

感覚遊び・運動遊びは、子どもの感覚面と運動面の悩みを解消するために活用できるプログラム。遊びを主体にして、子どもが楽しみながら成長できるように配慮している

教室から帰ってきたあと、姿勢が見違えるようによくなった！

4 アドバイスがはまった場合には、早ければその日のうちに効果が出ます。ただし感覚遊び・運動遊びのように、脳機能に働きかける療育は、3、4時間ほどすると効果がうすらぎます。療育によって脳の回路をととのえても、日常生活では脳内の情報の流れが元に戻っていくためです。

5 週に2〜3回、感覚遊び・運動遊びを実施できれば、効果の維持が望めます。けれどいまは希望者が多く、みなさん、数ヵ月に1回来ていただく形になっています。

POINT

待ち時間が長くなりがち

発達障害の可能性を考慮して、療育相談を希望している親子は多い。どの療育機関でも、相談するためにはある程度、予約待ちをする状況になっている。

どの機関も、次の予約をとるのが難しい。数ヵ月後まであいていないところもある

6 ほかの多くの療育機関でも、同様の課題を抱えているでしょう。私たち専門家も、療育に参加する親子も、数ヵ月に1回、1時間の教室でできることを考えていかなければいけません。

木村先生からのメッセージ

療育を、ピアノのレッスンにたとえてみましょう

1 数ヵ月に一度の療育でなにができるか、考えてみましょう。療育をピアノレッスンにたとえると、対策がみえてきます。

2 あるところに、教え方の上手な「ピアノ教室・木村」があります。子どもがピアノを習いたいと言い出し、その教室に通うことになりました。

有名なピアノ教室に行き、専門的な指導を受ければ、弾けるようにはなる

3 木村先生は、うわさ以上に上手な指導者で、子どもはピアノがそれなりに弾けるようになりました。

POINT

理解のきっかけになる

専門家の指導を受けることは、自分の長所や今後の課題、具体的な対策を知るためのきっかけになる。

4 　レッスン希望者が多いため、次回は１ヵ月先しか予約できませんでした。その１ヵ月間、もしも一度も鍵盤《けんばん》に向かわなければ、どうなるでしょうか。当然、力は落ちます。

「レッスンのときだけ練習すればいいや」というとりくみ方では力が維持できない

POINT

家でできることがある

専門家のレッスンを受けることも大切だが、レッスンの合間に家庭でできることもある。専門家の指示を理解して、自分の課題にとりくむ。

5 　反対に、次のレッスンまでの１ヵ月間、先生に教えてもらったウィークポイントを確認し、練習にとりくめば、力を維持できます。

がんばりすぎず、適度に練習にとりくむと、次のレッスンまでの１ヵ月を楽しめる

6 　練習して力を維持した子は、次回のレッスンで次のステップに進めます。日々の暮らしのなかで、経験を積み上げていくことが大切なのです。それは、療育にもまったく同じことがいえます。

木村先生からのメッセージ

療育指導だけでなく、家庭でのとりくみも大切です

1 療育もピアノのレッスンと同じです。家庭生活のなかで療育にとりくみ、専門家から教わったことをできるかぎり実践しましょう。

2 家庭でしっかりとりくめるように、専門家にはできるだけ具体的な指示を出してもらってください。

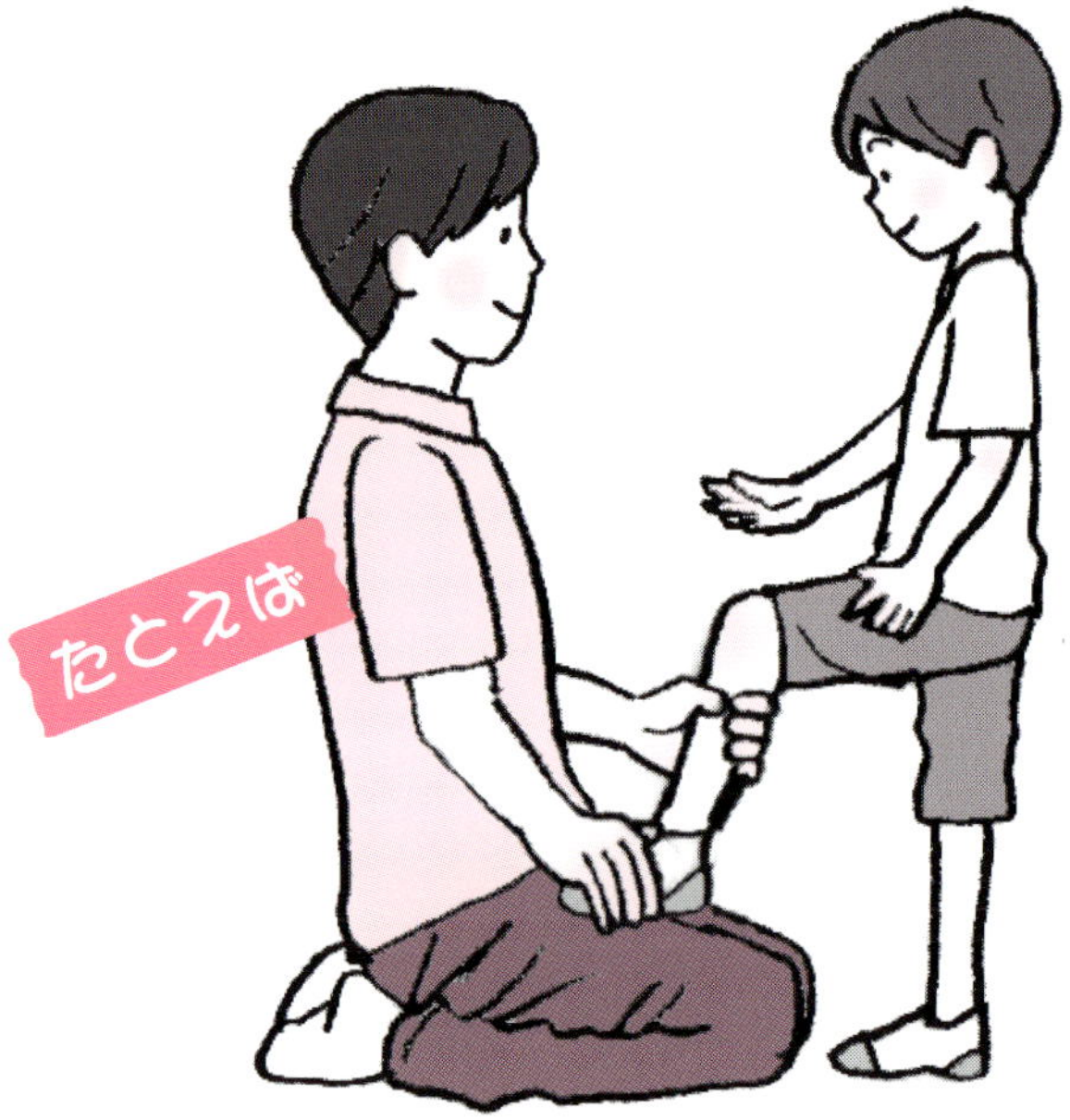

子どもが片足を上げ、親が手で支える。親が手を動かし、子どもは上げた足に体重をのせながら、バランスをとる。三輪車が上手にこげるようになる

3 ただし、練習しよう、効果を出そうと考えすぎて、過剰に努力するのは禁物です。がんばりすぎて、療育が親子の負担になっては、意味がありません。ふだんの生活や遊びに無理なくとり入れられるものをみつけていきましょう。

POINT

自己有能感をもつ

親にとって大切なのは自己有能感。「うまく育てることができた」という実感がないと、子育てには前向きになれない。成功体験を通して、親としての自己有能感を積み上げていきたいもの。それは子どもも同じで、子どもも「うまくできた」と感じて自己有能感を育むことが大切。

1

「体の使い方」がわからない子どもたち

大人が何度注意しても、
はしを上手に使えない子どもがいます。
一見、だらしないようにみえますが、
じつはこの子たちは「体の使い方」、とくに体の動かし方や
感覚の働かせ方がわからなくて、困っています。

子どもが体の動かし方、感じ方に悩んでいる

いま、体を思いどおりに動かせない子、感覚のずれている子が、目立つようになってきています。

「育てにくい子」と思われがち

体の動作や感覚に特徴がある子には、平均的な育て方があわないことがあります。それを知らずに子育てをしていると、子どもに負担をかけ、悩ませてしまいます。

たとえば、姿勢の維持が苦手な子には、正しい姿勢をするよう注意するよりも、遊びを通じて前庭《ぜんてい》覚《かく》（四六ページ参照）を調整することのほうが効果的です。専門家がみれば、それがわかります。

注意しても行動を変えない子をみると、親や教師は「育てにくい子」だと考えがちですが、育てにくさの背景さえ理解すれば、いかようにも対応できるのです。

昔から同様の悩みはあった

子どもの体の動かし方や感覚に関する悩みごとは、以前からありました。いま急に生まれた問題ではありません。

えんぴつをナイフで削るのが下手。ほどよく削れない
あっ
卵をうまく割れない。殻の破片が皿の中に入る
セーターを極端に嫌がる。寒くても絶対に着ない
はしの持ち方が間違っている。注意されても直らない

昔は筆記用具といえばえんぴつで、ナイフで削って使うものだった。それが苦手な子がいた

手足の動かし方や距離のとり方がどうも上達しない。球技をするときは仲間外れに

いまは悩みがより複雑に

体の使い方がわからない子は昔からいましたが、いまはよりいっそう、目立つようになっています。社会の変化にともない、ほかの子と違う点が目立ちやすくなったことが一因です。

動かし方がぎこちない

体の動かし方が全般的に特徴的。歩き方、はしの持ち方、ボールの投げ方、目の向け方など、さまざまな特徴がある。

感じ方がどうも違う

皮膚にふれたものの感じ方や、距離のつかみ方などが、ほかの子と大きく異なる。過敏なところと鈍感なところがある。

自己有能感が失われていく

ほかの子と同じようにできない自分に、自信がなくなっていく。その背景が理解されたり、なにか対応してもらえたりすれば、状況は改善する

悩みや困惑が深まる

自信がなくなると、体の動かし方や感じ方をよりいっそう意識する。精神的にも敏感になり育てにくさが生じる

POINT

型破りが認められにくい環境

現代社会はよくも悪くも管理がいきとどいているため、型破りな子が排除されやすい側面がある。子どもが学校や地域社会で、まわりの子とあまりにも違うふるまいをしていると、叱られたり、敬遠されたりする。そういった時代背景が、子どもの自己有能感に影響している。

適応能力のつまずきがキーワード

感覚面・運動面の悩みを抱え、適応能力のつまずきを生じている子のなかには、発達障害のある子がいます。発達障害の特性を理解しておくと、よりこまやかな対応ができます。

「グレーゾーン」の子がいる

日常生活のなかで困難を抱える子のすべてに、発達障害の診断がつくわけではありません。診断がつくかつかないか、曖昧《あいまい》な段階にいる子も多く、そういう子は「グレーゾーン」にいるといわれます。

POINT

気づかれない子が多い

2002年に文部科学省が通常学級に発達障害の子が6.3%いると発表したが、その子たちはエリア3の子だと考えられる。エリア1～2の子も困っているが、周囲には気づかれないことが多い。

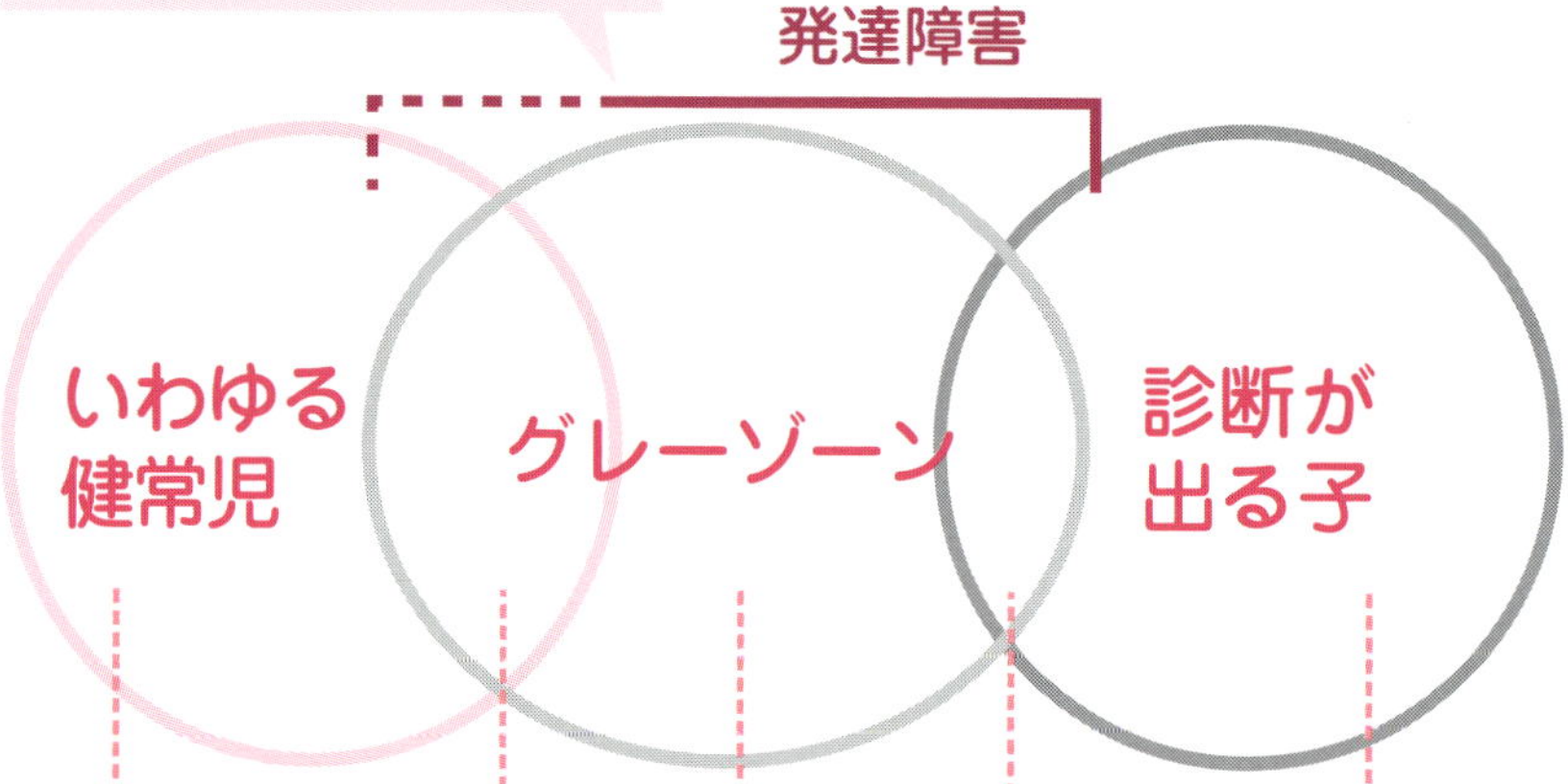

エリア0
従来の保育・教育が通用する子

エリア1
診断名はないが、ちょっと不器用でちょっと乱暴な子。木村による調査では健常児の3～4割ほど

エリア2
明らかな症状がなく診断名がつきにくい子。本人や親の問題だと誤解されがち

エリア3
発達障害の診断名がつく子。文部科学省の発表はこのエリアを指す可能性が高い

エリア4
脳性マヒやダウン症、知的障害などの診断名がある子

感覚・運動遊びが効果を発揮しやすい

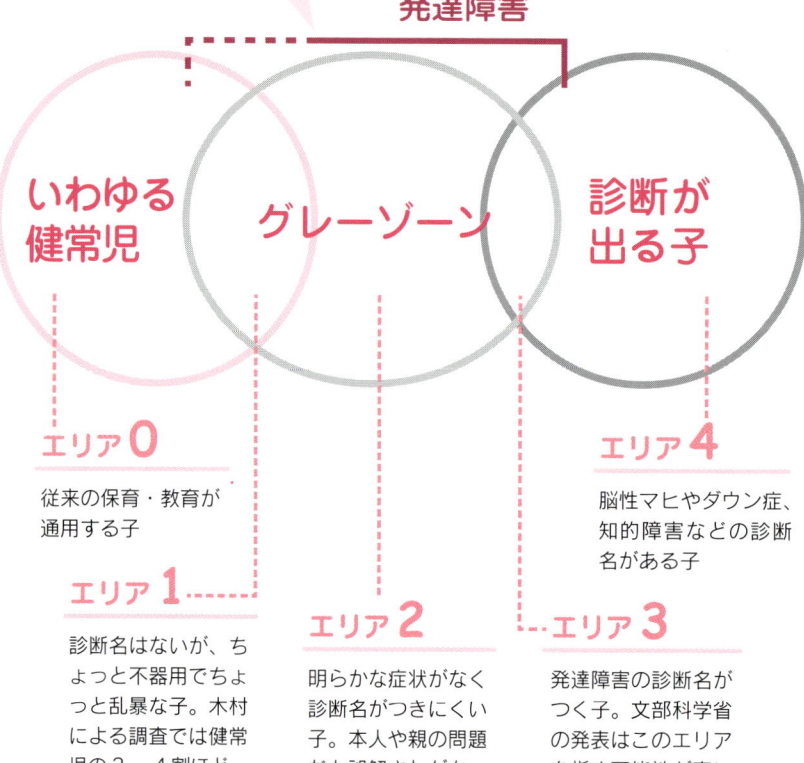

つまずきに診断名がつく

生活上のつまずきが診断基準に合致すると、発達障害の診断名がつきます。エリア３の子は診断が出ます。エリア１～２の子は本人が困っていても診断が出ず、支援が受けられない状態になりがちです。

適応能力とは

そのとき・その場・その状況にあわせて、考え方を整理し、動作や行動、態度などにつなげていくための総合的な能力

社会行動面の能力。注意力や問題解決能力などのソーシャル・スキル

基礎学力面の能力。読み書きや計算、思考力などのアカデミック・スキル

運動調整面の能力。全身運動や手先の器用さなどのモーター・スキル

意思疎通面の能力。他人の意図の理解や自己表現などのコミュニケーション・スキル

ADHD

Attention Deficit Hyperactivity Disorder。注意欠如多動症。多動性・衝動性・不注意の特性がある

SLD

Specific Learning Disorders。限局性学習症。読み書きや計算、ものごとの推理などが苦手

発達性協調運動症

全身の動き、手足の動きのどちらも調整するのが苦手。不器用にみえる

アスペルガー症候群（自閉症スペクトラム）

自閉症の一群に含まれる。社会性・想像力・コミュニケーションに関する特性がある

発達障害とは

生まれながらに脳機能にトラブルがあり、適応能力のつまずきを生じている状態。つまずきの原因がしつけや本人の性格だと誤解されやすい。

グレーゾーンの子は支援を得にくい

グレーゾーン、とくにエリア2にいる子は、日常生活で困難を抱えているのに、誰にも気づいてもらえず、さらには誤解されていることがあります。

この子たちには、基本的には知的な遅れはありません。むしろ記憶力や直感力など、一部には優れた能力があります。

そのため、できないことがあっても、大人たちは「努力しない子」「素直に言うことをきかない子」と誤解して、「ちゃんとしなさい！」などと叱るのです。

子どもは自己有能感をすり減らしていき、その結果、状態はさらに悪化します。

1 手先が不器用

はしを一生懸命使っているが、必ず食べ物をこぼす

手先の不器用さには、手を動かす経験の不足が関係しています。手にはいくつかの機能があり、それらを使う経験が必要なのです。

Aくんの場合

Aくんは、はしを手でつかむように持ち、フォークのように使って、ものを食べる。小学1年生になり、親や先生から何度も注意されているが、持ち方が直らない

1

親は最初にはしの持ち方を正しく教えた。Aくんも言われたとおりに持ったが、使っているうちに、いまの持ち方が定着してしまった。

何度教えてもらっても、はしをにぎるように持ってしまう。食べ物をぼろぼろとこぼす

2

いまの持ち方では食べ物がこぼれるため、皿を持ち、はしでかきこむように食べることが多い。指先を動かさず、手首を使って、ものを食べている。

3

何度教えても直らないため、大人たちはあきらめ気味。Aくんはペンを持つときもぎこちなく、手先が不器用な子だと思われている。

洋服のボタンのとめはずしが苦手。着るのも脱ぐのも、やたらと時間がかかる

手先がうまく使えていない

はしがうまく持てないのは、手先の不器用さの表れです。ボタンのとめはずしが苦手なのも、同様の背景をもつ悩みです。手先が不器用な子は、食事や着替えなど身のまわりのことと、手を使った遊びに困難を抱えやすい傾向があります。

よくある悩み

文字を書くとき、えんぴつの筆圧が一定しない。強弱どちらかにかたむく

歌いながら手遊びするとき、先生や友達のまねが上手にできない。テンポが遅れたり、動きが間違っていたりする

ジャングルジムやターザンロープなど、握力を使う遊具で、うまく遊べない

●手の機能が育っていない

手の動きの基礎は、力強くにぎる「パワーグリップ」や、手のひらで体重を支える「手掌《しゅしょう》支《し》持《じ》」の経験によって育つ。その経験が不足していると、手先が不器用になりやすい。基礎ができると、指の「つまむ機能」と「にぎる機能」も発達していく。

↓

もしくは

- ●手元に注意が向いていない
- ●手のボディイメージが未発達

対応

はしや着替えの練習をするより、手を使った遊びをしよう。P80 の**アスレチック遊び**や P82 の**ツイスター**、P72 の**ブランコ**で、パワーグリップや手掌支持の経験がつめる。基礎ができれば、P64 の**コイン遊び**で指をこまかく動かす経験に入っていける。

2 運動が苦手

キャッチボールで、投げるのも受けとるのも苦手

運動が苦手な子のなかには、ボディイメージが未発達で、体の動かし方や、自分の体の大きさを理解できていない子がいます。

Bくんの場合

Bくんは運動が苦手。体育の授業がある日は憂うつです。とくに球技や器械体操が悩みの種で、ミスが多いことをクラスメートにからかわれ、つらい思いをしています。

父親が投げ方を教えても、その通りに投げることがうまくできない

1

授業でも休み時間の遊びでもうまくいかないのがつらくて、Bくんは父親に頼み、キャッチボールやドッジボールを練習。でも、なかなか上達しない。

かまえ方がわからず、また、ボールを見失うことも多い

2

Bくんは、ボールを投げるときに、腰に力が入らない。ぎこちないフォームになってしまう。受けとるときは、ボールがよくみえていないようで、うまくとれない。

3

Bくんは父親に協力してもらい、一生懸命、練習にはげんできたが、最近は少しあきらめ気味。友達と遊ぶことをさけはじめた。

動きが全体的にぎこちない

特定の球技だけが苦手な場合は、練習して上達することもありますが、キャッチボール以外の動きも全体的にぎこちない子の場合、別のアプローチをしたほうが効果的です。

よくある悩み

ボールなど、動くものを目で追いきれない

授業中、板書をノートにうつすのが苦手

歩き方がぎこちない。ひざや足首の関節がやわらかく動いていない

よくある悩み

動作ののみこみが遅い。見本を示しても、その通りにできない

家具や人によくぶつかる。前をみているのに、ぶつかることが予測できない

ドアや机に体をぶつけることが多い

どうして苦手なの？

●「ボディイメージ」が未発達

自分の体のサイズや動かし方などを実感すると、自分の「ボディイメージ」（45ページ参照）が思い描けます。イメージがつかめれば、体が家具にぶつかりそうなときは、よけられます。動きがぎこちない子は、ボディイメージが実感できていない可能性が高いのです。

↓

もしくは

- **姿勢の調節、腰のひねりが苦手**
- **眼球運動のコントロールが未発達**

対応

P56～P59の**タッチング遊び**、**タッチングクイズ**を、体の部位をしゃべって意識させながらおこなう。P68の**しがみつき遊び**で力の入れ方を実感させる。目で追うのが苦手な子にはP70～79の**ゆれる系・回る系・とぶ系・すべる系の遊び**がぴったり。

座っているとき、すぐに背中がぐにゃっと曲がる

姿勢を維持するのが苦手だと、だらしない子だと思われがち。本当はなまけているのではなく、筋肉の使い方がわからないのです。

Cくんの場合

保護者や教師から「姿勢が悪い」とよく叱られるCくん。気を抜いているつもりはないのですが、座っていると、つい、猫背になったり、ほおづえをついたりします。

全身の力が抜けたように姿勢が崩れ、猫背になったり、背もたれによりかかったりする

1

自宅で食事をするときに、最初は背筋をのばして座っていても、じょじょに背中が曲がり、だらしない座り方に。姿勢が維持できない。

体がふにゃふにゃしている

姿勢の悪い子の多くは、体が必要以上にやわらかくみえます。すぐに体の力が抜けるイメージです。背景には、筋肉や姿勢の調節の困難があります。

よくある悩み

イスや床に座っていると、体が前にかたむき、猫背になる

勉強中も食事中も、机にほおづえをつく

背筋がふにゃっとしていて、いつも眠そうにみえる

イスから崩れおちるようにして、やがて床に座ってしまう

1

注意されれば、姿勢が崩れたことはわかる。でも、自分の力で維持することができない

2

母親から「背中が曲がってる！」などと注意されると、姿勢を元に戻すことはできる。でも、しばらくたつとまた姿勢が崩れる。

3

Cくん自身はまじめにやっているつもり。母親も、それがわかっているから、あまりうるさくは注意しない。でも、心配はしている。

4

学校の授業や、外出したときにも姿勢が維持できないため、だらしない子だとみられがち。Cくんも母親も、直せるものなら直したいと思っている。

POINT

「だらけている」と誤解される

大人は、何度注意しても姿勢が崩れる子をみると「だらだらしている」「ふざけている」などと思いがち。本人はまじめにやっているのに、誤解されてしまう。

●筋肉の緊張を調整できていない

姿勢を維持するためには、背中の筋肉をちょうどよい強さに緊張させる必要があります。姿勢が崩れやすい子は、筋肉の緊張をコントロールする感覚が整っていないのです。歩くときにもふにゃふにゃとしてみえます。その結果、集中力がとぎれやすくなることもあります。

もしくは

- ●中心視の機能を使えていない
- ●バランス感覚が弱い

対応

P76の**ジャンプ遊び**やP78の**すべり遊び**をくり返すと前庭覚がととのい、姿勢が改善する。P70の**ゆらゆら遊び**、P74の**グルグル遊び**で眼球運動を働かせるのもよい。P66の**ストレッチ遊び**、P82の**ツイスターゲーム**では筋肉の緊張が実感できる。

4 落ち着きがない

授業中、じっと座っていられず、ソワソワする

授業中に立ち歩く子は、落ち着きがないと言われがちです。彼らはただ行儀が悪いのではなく、強い刺激を求めています。

Dさんの場合

小学３年生のDさんは授業中、静かに座って先生の話を聞いているのが苦手です。落ち着かない様子で、手足をパタパタと動かし、先生に注意されます。

最初は静かに座っている。
そのまま維持できればよいのだが……

1

短い時間なら、静かに座っていられる。好きな授業のときも、ノートをとることに集中して、行儀よくできる。

2

苦手な授業や、よくわからない話のときには、ソワソワしやすい。手や足をリズムをとるように動かしたり、肩をすくめたりする。

5分ほどたつと、イスをガタガタと動かし出す。目立ってしまう

3

ときには授業中に立ち歩き、友達とおしゃべりしてしまうことも。自分勝手だと叱られる。

自分の背よりも高いへいにのぼり、勢いよくとびおりる遊びが好き

たえず動き回っている

落ち着きがないのは、本人が動きたいと感じているから。ほかの子よりもその気持ちが強いのは、感覚情報が整理できていないためです。高いところが好き、大声を出すなどの行為も、同じ背景からきています。

よくある悩み

- 棚やブロックべいなどにのぼる。ジャンプしてとびおり、走り回る
- 窓枠にのぼって、窓から教室に入ろうとする。家でも同じことをする
- 大声を出して遊ぶ。声の大きさや高さを適度にコントロールできない
- 授業中に立ち歩く。注意して座らせると、手足や肩をソワソワと動かす

どうして落ち着きがないの？

●「多動性」の特性がある

前庭覚の反応がにぶい子は、落ち着きがない印象になります。視覚的な情報や、体のかたむきに関する情報がうまく感じとれないので、脳に外からの刺激が十分に入らないのです。そのため、強い刺激を求めて動き回り、「多動性」があると言われます。

↓

もしくは

- ●手足の動きの調節が苦手
- ●筋肉の緊張が調節できていない

対応

P80 の**アスレチック遊び**や P76 の**ジャンプ遊び**でめいっぱい動くと、前庭覚の働きが調整でき、多動がおさまる。P70 ～ 73 の**ゆれる遊び**、P78 の**すべり遊び**もよい刺激になる。いずれも、10 ～ 30 分ほどかけて、体をたっぷり動かすとよい。

ちょっとしたことに 気をとられ、集中が切れる

「注意散漫」と指摘される子は、注意力や集中力がないわけではありません。そのコントロールが苦手なのです。

Eさんの場合

Eさんは小学4年生。気が散りやすいタイプで、授業や朝礼のときに、先生の話よりも周囲の物音に気をとられます。話が頭に入りません。

1

家庭でも、いまひとつ集中できないEさん。家族と休日の予定を話し合っているときにも、気が散ってしまうことがある。

家の外を通る車の音などに気をとられやすい。楽しい話にも集中できない

2

ずっと行きたがっていたテーマパークについての相談なのに、話を途中までしか聞かず、集中が切れる。

3

父親には、Eさんが話をきちんと聞いていないようにみえた。父親は彼女が本当はテーマパークに行きたくないのかと誤解してしまった。

POINT

集中力の3つの要素

①課題に注意を向け**続ける**力、②次の課題に注意を向け**変える**力、③元の課題に注意を向け**戻す**力の3つがあわさって、注意の集中・持続ができる。そのいずれかが弱いと、集中力のない子にみえる。①と②がどちらも弱い子もいる。①が過剰に働くと、「過《か》集中《しゅうちゅう》」の状態になる。

作業がどれも途中で終わる

集中力がない子は、遊ぶときも勉強するときも、一つひとつの作業を完了させずに、次の作業に移る傾向があります。集中はできるのですが、その対象やタイミングが適切ではありません。

宿題をするとき、ひとつの作業を終える前に、次の作業をはじめる

集中力が弱いため手順をおって作業することが苦手で、整理整頓ができない

よくある悩み

おもちゃで遊ぶとき、目移りしやすい。興味が次々に移っていく

好きなことには、極端に集中することがある。声をかけても反応しない

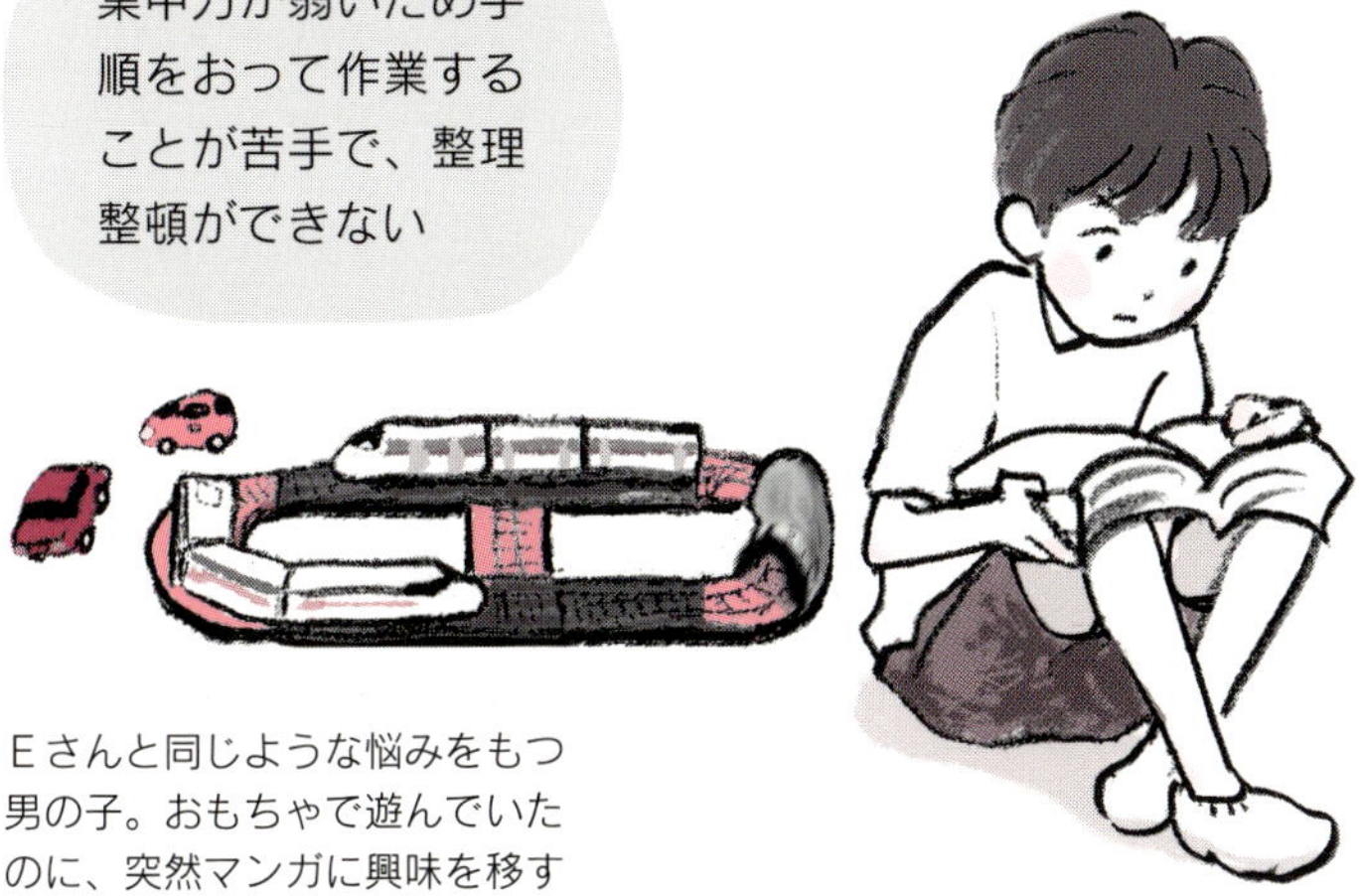

Eさんと同じような悩みをもつ男の子。おもちゃで遊んでいたのに、突然マンガに興味を移す

●情報の取捨選択ができず「不注意」に

みたもの、聞いたことを次々と受けとっているために、集中力のコントロールが苦手です。不要な情報を遮断することができないので、気が散りやすく、集中が戻りにくいのです。AD/HDの特性のひとつ「不注意」と診断される状態です。

↓

もしくは

●脳機能の覚醒レベルが低く、ボーッとしやすい

対応

P58の**タッチングクイズ**は体の一部に注意を集中したり、向け変えたりする練習になる。P56の**タッチング遊び**やP62の**手探り遊び**で皮膚や指先に意識を向けるのもよい。子どもがクイズや遊びに視線を向け、集中できていれば効果あり。

よく考える前に手や口を出してしまう

なんの前ぶれもなく、発言したり、友達をたたいたりする子がいます。衝動的な言動が多いわけを、理解しておく必要があります。

Fくんの場合

いつもマイペースな男の子。授業中も休み時間も、自分の好きなようにふるまっています。ときにはそれで、友達や先生とトラブルになることも。

1

Fくんがマイペースなのは、同級生も先生も知っている。周囲は「そういう子だから大目にみよう」と、おおらかに対応している。

先生から指名されていないのに、問題の答えを言ってしまう

2

授業やホームルームでは、話したくなると、急にしゃべり出す。自分が話すタイミングではないのに、堂々と語る。

3

先生から注意されると「しまった」という表情をするが、同じようなことをくり返している。度が過ぎて、友達とケンカになることもある。

行動のフライングとことばのフライング

マイペースな言動は行動やことばのフライングとして理解することができます。フライングする子は、周囲には、考える前に行動しているようにみえます。

廊下で通りすがりに友達をパーンとたたく。唐突なので相手はびっくり

同級生が並んでいる列に横入りする。注意されると、うしろに下がる

突然、自分の話したいことをしゃべりはじめ、ひとりで話している

少しさわられただけで、相手をたたいたり突き飛ばしたりして反撃する

よくある悩み

友達を軽くたたいたり、ちょっかいを出したりするのが好き

どうして我慢できないの？

●「衝動性」の特性がある

言動がフライングするのは「衝動性」が高いから。衝動性は AD/HD の特性のひとつです。感覚情報の受けとり方が過敏、もしくは鈍感で、周囲の様子をみながらじっくり判断することができないのだと考えられます。

↓

もしくは

- **触覚防衛反応《しょっかくぼうえいはんのう》が出ている**
- **注意のコントロールが苦手**

対応

多動性が強い場合と同様に P80 の**アスレチック遊び**、P76 の**ジャンプ遊び**、P70 の**ゆらゆら遊び**などで刺激をとり入れる。P56 の**タッチング遊び**は、触覚防衛反応をやわらげるとともに、言動を落ち着かせる二次的な効果も期待できる。

7 行儀が悪い

友達の持ちものをなめたり口に入れたりする

人のものをなめるなど、行儀の悪いくせがなかなか直らない場合には、理屈で言っても本人に伝わらない可能性があります。

Gさんの場合

小学５年生の女の子。幼いころから、はじめてみるものを口でなめたりかんだりする子でしたが、そのくせが成長しても抜けきらず、最近は問題になってきました。

友達から借りたえんぴつを、いつものくせでかみ、怒られる

1

両親から、くり返し注意され、なんでも口に入れることはなくなったが、えんぴつをかむくせが残っている。人から借りたえんぴつもかんでしまう。

独特のくせが直らない

誰でも幼児期には爪かみや指しゃぶりなどのくせがありますが、それらの独特のくせが小学校高学年になっても直らない場合、感覚情報の乱れが考えられます。

よくある悩み

ものをなめる、口に入れる、かむ。無意識にそうしている

自分の指をしゃぶったり、爪をかんだりする。指がふやけるほど頻繁にする

人の髪の毛や耳たぶなどをさわったり、においをかいだりする

2

ほかにも、爪をかんだり、くちびるを指でつまんだりしている。やめたほうがよいとわかっていても、やめられない。

3

友達に嫌がられたり、外出先で行儀の悪さを叱られたりして、本人はストレスを感じる。そうすると、ますますくせが出る。

爪をかむくせもある。楽しいときはしないが、嫌なことがあるとかむ

POINT

年齢にそぐわないくせ

ものを口に入れるのは乳児期、指しゃぶりは幼児期によくみられるくせ。「この子は昔からそうだから」と考えないで、年齢にそぐわないくせには対応を。

●「自己刺激行動」をしている

ものや爪をかむこと、髪の毛をさわることなどは、いずれも「自己刺激行動」だと考えられます。感覚情報の乱れがあり、刺激を感じとりにくい子にみられる行動です。自ら皮膚感覚を刺激して、情報を体にとり入れています。本能的な行為です。

↓

もしくは

●ストレスでくせが強く出ているだけという場合も

対応

P56～59の**タッチング遊び**や**タッチングクイズ**は皮膚感覚の調整につながる。口や指など、くせのある部分を、子どもが意識するくらいの強さでさわるとよい。P60の**手形遊び**、P62の**手探り遊び**でも、触覚を働かせることができる。

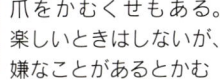

8 拒否が多い

歯みがきや爪切りなどで親にさわられるのを嫌がる

さわられることに敏感な子は「わがまま」「神経質」と誤解されがちですが、よくみると、嫌がるのは特定の部位だけです。

Hくんの場合

幼いころから歯みがきや耳かきなど、身のまわりの世話をしてもらうことに抵抗を示してきたHくん。歯みがきを嫌がるので、両親は心配しています。

1

Hくんは皮膚が敏感で、他人に顔をさわられることに強い拒絶感を示す。とくに歯みがき、耳かき、散髪が嫌い。両親は毎度、苦労している。

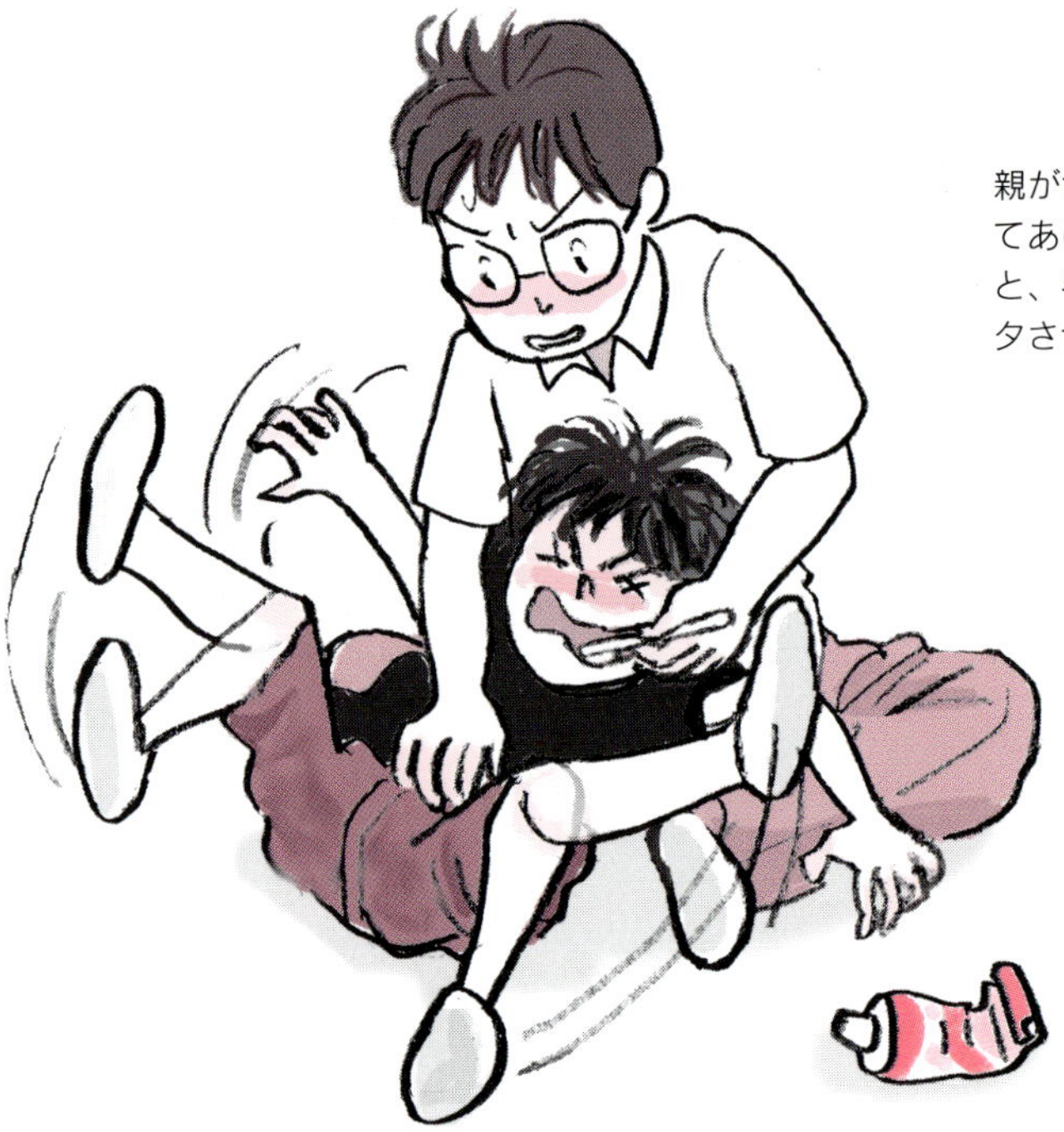

親が歯みがきをしてあげようとすると、手足をジタバタさせて抵抗する

2

両親は、耳かきや散髪は子どもに慣れた耳鼻科と床屋にまかせているが、歯みがきだけは毎日のことなので人任せにできず、奮闘中。

3

Hくん本人が歯をみがいてくれればよいのだが、彼は自分でするのも嫌がる。父親がHくんを必死で抱きかかえ、みがいている。

極端に敏感なところがある

Hくんのように皮膚が過敏な子は、どこもかしこもさわられたくないのではありません。どうしても苦手な部位があり、そこだけに拒絶反応が出るのです。

よくある悩み

散髪や洗髪のときに首すじや耳のまわりをさわられるのが嫌

耳あかとりが嫌い。耳の穴だけでなく、その周辺も敏感

鼻や口の汚れをふきとってもらうのを嫌がる

靴下を嫌がる。ズボンのすそをまくり上げるのが嫌な子もいる

セーター、長そでの服、半そでの服など、特定の服を着ない

マフラーや帽子、タートルネックの服などを着けたがらない。首が敏感

手袋が嫌。手をつなぐことにも抵抗を示す。爪切りも嫌がる

どうして嫌がるの？

●「触覚防衛反応」が出ている

これらの拒絶反応を専門的には「触覚防衛反応」と言います。皮膚から入る刺激に対して、原始的な反応が強く出る現象です。人間を動物だと考えると、顔や首は急所であり、口や手は攻撃に関わる部位です。動物が生き抜くうえで重要な部位に反応が出るのです。

↓

さらには
●爪かみや爪むしりなどの自己刺激行動につながる場合も

対応

触覚防衛反応をやわらげるためには、P56の**タッチング遊び**が最適。子どもの好きな道具を使い、嫌がらない強さのタッチングからはじめる。じょじょに部位を広げ、強さを変えて、触覚を刺激する。P58の**タッチングクイズ**も効果がある。

9 運動がこわい

プールに浮くことやトランポリンをこわがる

体を動かすのが苦手ではないのに、一部の運動をこわがる子がいます。恐怖の対象に共通するのは、ゆれや不慣れな姿勢です。

Iさんの場合

小学３年生の女の子。過去には楽しんでいたプールの授業を、３年になって急に嫌がるようになりました。水遊びは好きなのに、泳ぐのは大嫌いなのです。

まわりにはげまされて、水着に着替えて授業に出ようとしたが、プールサイドで泣きはじめた

1

小学校低学年のころは、プールの授業を楽しみにしていた。足がつく浅いプールで、友達に水をかけたり、追いかけっこをしたりするのは好きだった。水にぬれることには、抵抗はない。

2

中学年になり、はじめて泳いだときには、大きな問題にはならなかった。ほとんど泳げず、数メートルで足をつく状態だったが、一生懸命やっていた。

3

授業が進み、背泳ぎの体勢で浮く課題にとりくむと、パニックに。泣きながらおぼれかけ、先生にたすけられた。それ以降、プール恐怖症に。

トランポリンのゆれがこわくて、ジャンプできずに座りこんでしまう

体をかたむける遊びが苦手

背泳ぎをするときには、あおむけに浮いていなければいけません。そのとき、体は不安定な状態になります。Ｉさんはその安定感のなさがこわいのです。ブランコなどの遊具でも同じ悩みが生じます。

よくある悩み

体育館のトランポリンにも、こわくて近づけない。上に立つだけでも嫌がる

すべり台も勢いよくすべるのは苦手。両足をすべり台につけ、スピードをゆるめておりる

ブランコにゆっくり乗るのは好きだが、勢いをつけられるとこわい

●「姿勢不安」を感じている

プールに浮くときもブランコに乗るときも、体が大きくかたむきます。その状態をこわがることを「姿勢不安」「重力不安」といいます。バランス感覚や筋肉の感覚が乱れているため、姿勢の変化に対応できないように感じ、恐怖を抱くのです。

↓

もしくは

- **触覚防衛反応が出ている**
- **姿勢の維持・調節が苦手**

対応

P78の**すべり遊び**、P70の**ゆらゆら遊び**から、子どもがこわがらないものを選ぶ。最初は大人やきょうだいがいっしょにすべり台やブランコに乗るとよい。動作がぎこちない子にはP66の**ストレッチ**なども効果的。

10 音へのこだわり

トイレのエアータオルの音を一大事のようにこわがる

子どもが、大人にとってはなんのへんてつもない物音でパニックに陥るのは、聴覚の過敏性があり、極度に反応が出た場合です。

1

Ｊくんは、素直でおとなしい子だが、特定の音にだけ、強いこだわりや拒否反応を示すことがある。

Ｊくんの場合

おだやかな性格の男の子。両親の言うことをよく聞く子で、ふだんは物静かにしています。行動面ではほとんど悩みのない、「育てやすい子」です。

駅構内やレストランなどのトイレにある、エアータオルの音が苦手。耳をふさいで嫌がる

音を嫌がり、耳をふさぐ

特定の音を嫌がる子は、パニックになったり、泣いたりするほかに、耳をふさいでうずくまることがあります。ただ嫌うのではなく、オーバーなアクションにみえます。

よくある悩み

乗り物のエンジン音や掃除機の音を嫌がる

雷や打ち上げ花火をこわがる。小さな花火の音は平気

音が反響するホールなどに入ると、急にこわがり出す

2

Ｊくんは、トイレにエアータオルが設置されている施設が苦手。そういった施設に入ること自体、嫌になっている。

3

騒音がなにもかも苦手なわけではなく、こわがるのはエアータオルの音だけ。家族は不思議がっている。

4

家族は、Ｊくんが嫌がる施設をできるだけさけている。原因がわからないため、それ以外に対処法がなく、困っている。

空腹でも、エアータオルがあるレストランには入りたがらない

POINT

心の傷になる子も

聴覚防衛反応が出るとき、本人は恐怖を感じている。その衝撃が心の傷となり、音そのものだけでなく、その状況にも恐怖を感じるようになる。二次的な障害に。

●「聴覚防衛反応」が出ている

「触覚防衛反応」と同様の反応が、聴覚に出ています。外から入る音刺激に対して、体が防衛反応をとっています。未知の音や響く音に反応する子が多く、大きな音でなくても、嫌がります。

↓

もしくは

●嫌な思い出と音を関連して覚えている

対応

P84の**音遊び**がよい。小さな音から少しずつ音量を上げていき、聴覚を働かせる経験をつむ。同じ要領で、花火や電車の音を録音して小さな音量から経験していくのもよい。二次障害が出ている子には遊びではなく医療的・保育的な対応を。

実感してみよう！

目をつぶって固有覚を実感

1 目をとじて両腕をおろす。家族や友人に右腕を預け、自由に動かしてもらう。右腕だけポーズをとった状態に。

2 家族や友人に手を離してもらう。右腕のポーズを固定したまま、左腕で同じポーズをとる。右腕の角度や向きをみなくても、両腕を同じポーズにできる。

目をつぶっていても、右手・右腕の形がわかる。それが固有覚の実感

1 目をとじて、手のひらを上に向け、手を前に出す。家族や友人に、その手のひらに本を載せてもらう。「1冊載せたとき」「3冊載せたとき」と言いながら載せかえてもらい、その違いを実感する。

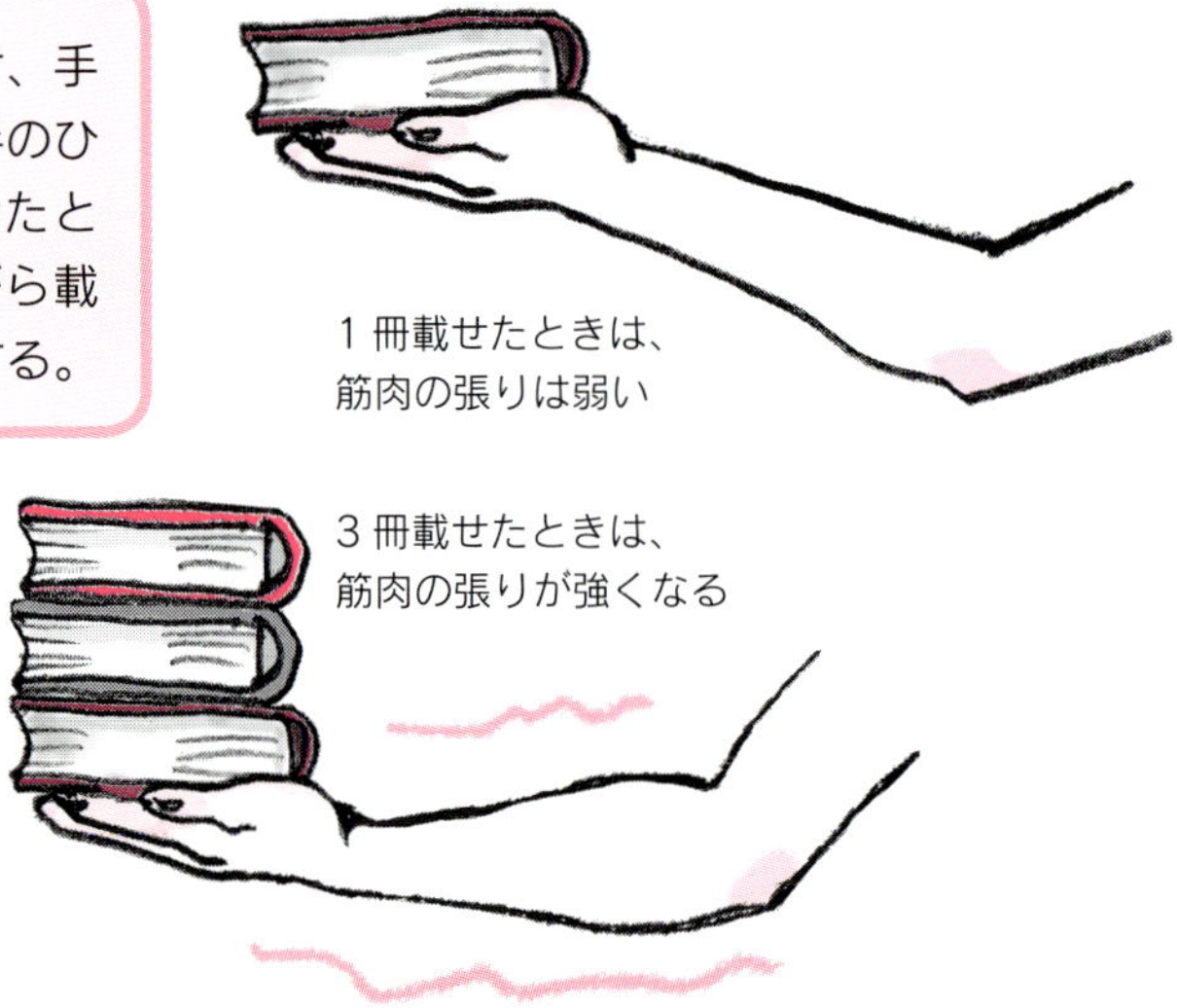

1冊載せたときは、筋肉の張りは弱い

3冊載せたときは、筋肉の張りが強くなる

2 1冊の重さと3冊の重さを一度実感すると、その後は言葉での指示がなくても、何冊載っているかわかる。軽いときと重いときでは、筋肉の張りや関節の角度が違う。その実感が固有覚。

2 自覚しにくい「3つの感覚」が成長のカギ

体の使い方がわからない悩みの背景には、
「触覚」「固有覚」「前庭覚」が関わっています。
この３つは日常生活のなかでは
あまり実感できない感覚です。
実感できないからこそ、親も子どもも問題意識がもてず、
悩みが解決できなくて、困っているのです。

体から脳、脳から体への情報の流れのこと

感覚とは、体の外から入ってきた刺激を、脳で情報として受け止め、処理することです。

たとえば、においがただよってきて、くさいと感じることも、感覚の一種です。

感覚はいつも働いている

私たちは日頃、感覚をあまり意識せずに生活していますが、じつは感覚は四六時中働いています。

食べ物を前にして、「おいしそう！」「いいにおい」と感じる

POINT

情報整理が苦手な子がいる

体外から入る刺激をうまく整理できない子は、感覚刺激に対して独特の反応をみせる。それが体の動かし方・感じ方の悩みとなる。

刺激を受ける（入力）

みる、聞くなどの行為によって、外部から刺激を受ける。体から脳に刺激が送られる

情報処理

脳が刺激を感覚情報として処理。感覚がうまく働いていれば「食べ物だ」などと感じる

行動する（出力）

情報処理の結果、脳から体に命令が出る。「手をのばす」「口をあける」などの行動になる

食べたいものに手をのばし、はしでつまんで口に入れる

視力が弱いとわかったら、メガネをかけて補う

実感しやすいのは「五感」

感覚にはさまざまな種類がありますが、実感しやすいのは視覚や聴覚などの「五感」です。五感の乱れは周囲に気づかれやすく、比較的容易に対応してもらえます。

POINT

実感には3つある

私たちは感覚を３つの方法で実感している。①どこで感じているか、②いつ用いているか、③どのように用いているか。五感は①〜③が本人にも周囲にもわかりやすい。たとえば視覚は①目で、②ものを前にしたとき、③みる、という感覚だと実感している。

視覚
目を通じて得る感覚。文字や色、空間の奥行きなどを感じとる

聴覚
耳を通じて得る感覚。声や物音などを聞きとる

嗅覚《きゅうかく》
鼻を通じて得る感覚。においをかぎとる

触覚
皮膚を通じて得る感覚。指先でものにふれるのも、人にさわられるのも触覚

味覚
舌を通じて得る感覚。味わいを感じとる

感覚情報は脳の栄養になる

私たちは、ものをみるときにも音を聞くときにも、感覚を働かせています。体外から入ってくる刺激はすべて感覚情報となり、脳に送られているのです。年齢や体の状態にみあった感覚情報が送られると、脳は活発に働き、成長します。

発達障害があり、感覚の働きにトラブルがある子も、年齢や体の状態にみあった適切な感覚情報を処理する経験をつむと、感覚の乱れが調整されていきます。

五感はトラブルを実感しやすく、気づかれやすい。問題はそのほかの感覚。トラブルがあっても、本人も周囲も気づきにくい感覚がある（くわしくは次ページへ）。

「三つの感覚」のトラブルが混乱を生む

視覚や聴覚などの五感と違い、自覚しにくい感覚が三つあります。その三つの感覚にトラブルがあると、生活上の困難が生じやすくなります。

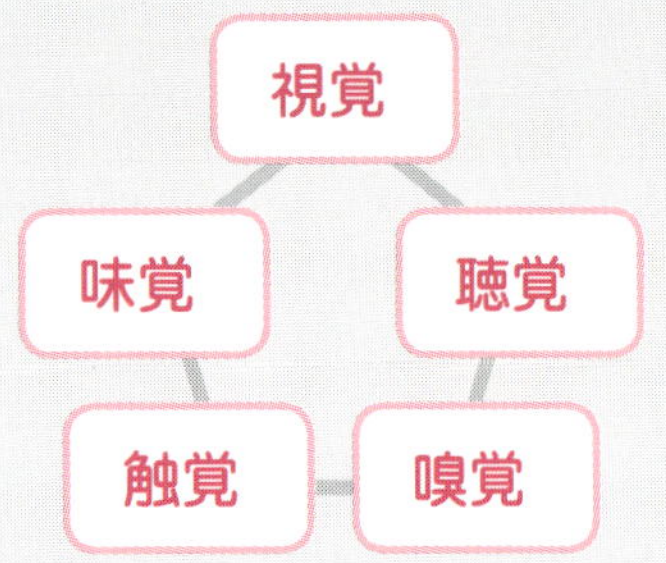

触覚は自覚しやすい五感だが、その一部は自覚しにくく、問題の背景となる

日常生活では自覚しにくい感覚

自覚しにくい３つの感覚は、ほとんど無意識に用いられています。専門家から説明を受けて、はじめて気づくのがふつうです。

触覚

触覚には、自らさわるときの「アクティブタッチ」と、さわられて感じる「パッシブタッチ」の２つの使い方がある。どちらのときも脳の原始系と識別系が働いている。

→ 42 ページ

固有覚

筋肉や関節の動きを詳細に感知する感覚。この感覚が働いていない子は動作ががさつになったり、力加減ができなくなる。周囲には、しつけが悪くてそっと動くことが身についていない子、心がけが悪い子と誤解されがち。

→ 44 ページ

前庭覚

いわゆるバランス感覚。姿勢の維持や目の動きのコントロールなどに関わっている。

→ 46 ページ

授業中にほおづえをつくことには前庭覚が関わっているが、ただ行儀が悪いようにみえる

子どもも親も混乱する

子どもの感覚にトラブルがあると、本人も親も混乱します。気持ちや理屈では解決できない問題が生じて、理解できずに苦しむのです。

子どもは感覚情報をうまく整理できていない。頭をさわられること（触覚刺激）が苦手

↓

親は炎天下では子どもが暑いだろうと思って、帽子をかぶせようとし続ける

↓

心の安全基地になるはずの親が、不快な刺激を入れてくるため、子どもは混乱する

↓

親も混乱する。よかれと思ってしていることが通じなくて、つらい

暑いと思って子どもに帽子をかぶせようとすると、激しく抵抗される

POINT

「育てにくさ」になる

「帽子をかぶせる」「抱きしめる」など、子育ての常識的な行動が、子どもに嫌がられることがある。周囲の大人は「育てにくさ」を感じる。

親も子も、悪くない

三つの感覚がうまく働かなくなることは、子どもの姿勢の崩れや過敏な反応などにつながります。

そういった状態になると、適応行動のつまずきが生じて、子どもが叱られたり、親が「しつけがなっていない」と指摘されたりしがちです。

いずれも誤解ですが、本人も親も自分のせいだと感じて、悩んでしまいます。その悩みを解消するためには、三つの感覚をととのえる必要があります。

さわるとき、さわられるときに感じる「触覚」

子どもの感覚面の問題として、よくあげられるのが、首すじや手足などをさわられることへの過敏な反応。その反応には触覚のトラブルが関わっています。

ヌルヌルしたものをさわっても、反射的に手を引かず、感触を確認できるのは、触覚の識別系が働いているから

触覚の２つの働き

触覚には、生物が太古の昔から使ってきた「原始系」の働きと、哺乳類などが進化するなかでつくり上げてきた「識別系」の働きがあります。その２つのバランスが大切です。

触覚

識別系

認知的な能力。さわったものに注意を向けるときに働く。手探りをしたり、さわったものの大きさ・形・素材を判断するときに使う

原始系

本能的な働き。自分にふれたものがエサなのか敵なのかを感じとり、防衛行動・闘争行動・とりこみ行動のいずれかのスイッチを入れるという機能

さわられると本能的に反応する子も

子どもが散髪や歯みがき、耳かきのときに過剰な拒絶反応を示すと、大人は「がまんしなさい！」と叱ってしまうものです。

しかしその反応のなかには、子ども本人の心がけでは制御しきれないものがあります。触覚防衛反応とよばれる感覚のトラブルです。

触覚防衛が出る子には、肌にふれた感触を識別しにくいという背景があります。感触がわからないために、混乱して、独特の反応を示すのです。

感覚の乱れの一種ですが、その背景は、本人にも周囲の大人にも、なかなか理解できません。

床屋で髪を切ってもらうのが嫌で、いつも必死で我慢している

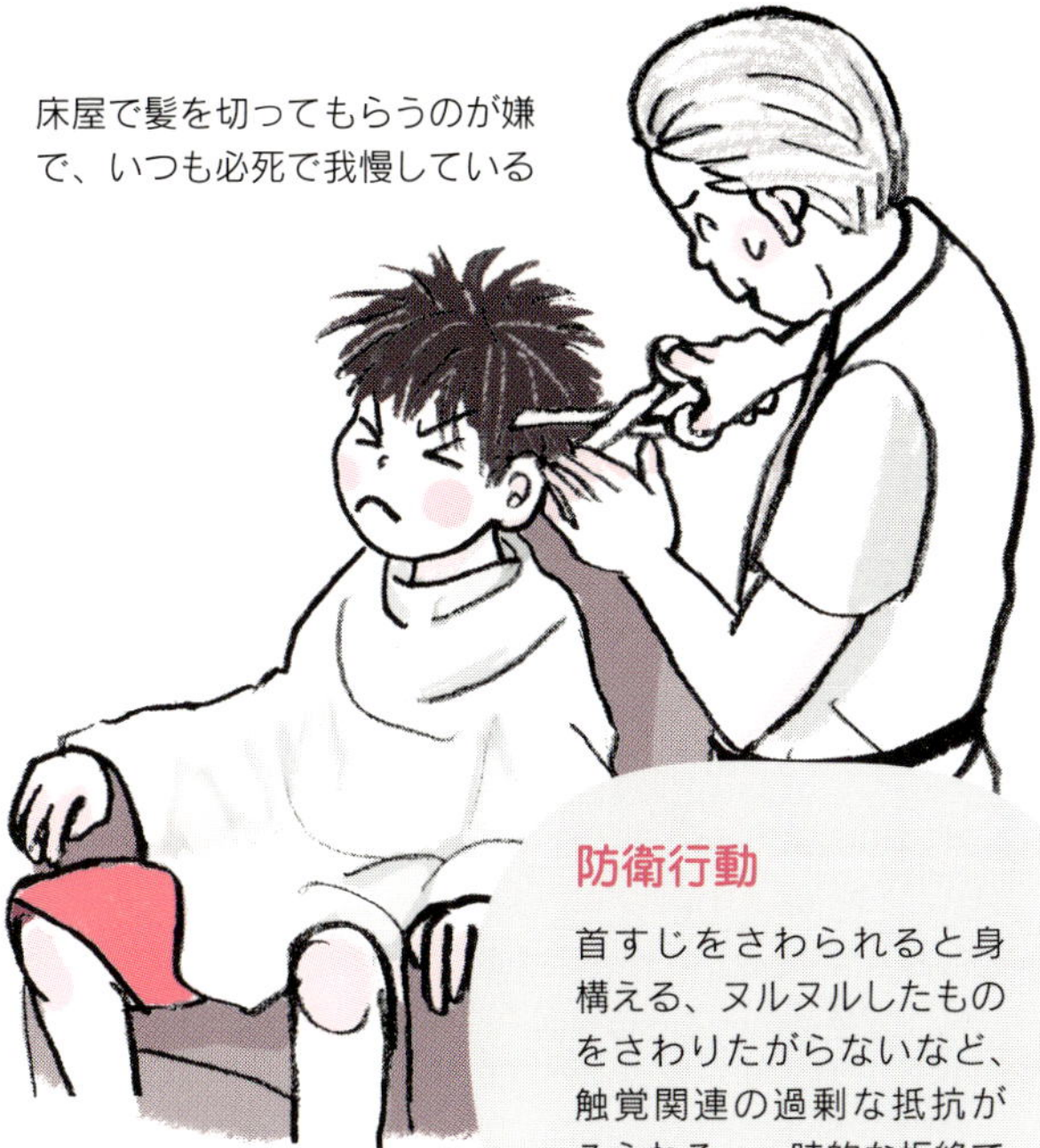

トラブルがあると……
過敏か鈍感に

触覚のトラブルは、多くの場合、過敏な反応としてみられますが、反対に、鈍感さとなって現れる場合もあります。

本能的な働きが暴走

感覚情報が識別系を素通りして、原始系に直接届いてしまう子がいる。ふれたものに対して、原始系の反応が強く出る。

触覚防衛反応

防衛行動

首すじをさわられると身構える、ヌルヌルしたものをさわりたがらないなど、触覚関連の過剰な抵抗がみられる。一時的な拒絶ではなく、いつも嫌がる

闘争行動。口元や指先をさわられると、かみついたり引っかいたりする

とりこみ行動。口元や指先にふれたものを口に入れたり、手でつかんだりする

触覚の統合障害が起きている

自己刺激行動

防衛行動と逆の反応に。ものをすぐ口に入れる、ヌルヌルしたものを積極的にさわるなどの行動が目立つ

敏感な場合と鈍感な場合で、同じ行動が出ることもある

感覚情報が不足するため、自分からものにふれて、刺激を補おうとする

全般的に感じ方が鈍い

触覚の感覚情報が脳に入りにくい子もいる。識別系・原始系ともに働きにくく、触覚でものを理解することが苦手に。

手足や体の動きを感知する「固有覚」

触覚が皮膚で感じる「表在感覚」であるのに対して、固有覚は、体のもっと深い部分で感じる「深部感覚」です。筋肉・関節の感覚です。

固有覚

体をコントロールする働き

固有覚は、筋肉のはりや関節の角度を感じとります。固有覚が働いていると、全身の動きが把握でき、また、コントロールもできます。

運動覚
ボールを投げるときなどに、手足など各部位の動きを感じとる働き

位置覚
ポーズをとるときなどに、手足など各部位の位置関係を感じとる働き

重量覚
ものを持ったときなどに、体に加わっている重さを感じとる働き

抵抗覚
手で押されているときなどに、体に加わっている抵抗を感じとる働き

食器を棚からとり出すときにも固有覚が働いているが、意識はしていない

体の動きを自動的に感知する

私たちは、高いところに置いた食器をとるときには、腕の関節を伸ばし、食器を落とさないように筋肉を使います。

そのとき固有覚が働いていますが、そうやって筋肉や関節の動きをいちいち意識する人はいないでしょう。固有覚は、生活のなかではほとんど意識しない感覚です。

固有覚の働きを知ると、動きのぎこちない子のつらさが理解できます。彼らは自分の筋肉や関節がどのくらい動いているか、把握できずに体を動かしています。まるで車が急発進するようにぎこちなくみえるのは、そのためです。

トラブルがあると……
動作が雑な子にみえる

固有覚がうまく働いていないと、全身のコントロールが乱れ、体の動きが全体的にがさつになります。動作が粗雑で、丁寧さの足りない子だと思われがちです。

どばっ

コップにジュースをそっと注ぐことが苦手で、大量にこぼすことが多い

こまかな動作が雑になる

指先の緻密な動き、腕や足のこまかなコントロールなどが苦手。体の動きの微調整ができない。あやとりや折り紙などが難しい。

固有覚の統合障害が起きている

大きな動きがぎこちない

全身を大きく動かすときにも、ぎこちなさが出る。体操や球技、踊りなどが不自然に。全身模倣のおゆうぎも苦手。人やものにぶつかったり、転んだりしやすい。

ボディイメージが未発達

動作が雑になるのは、ボディイメージが未発達だから。ボディイメージとは、自分の体のサイズや動き方を把握すること。固有覚だけでなく、触覚・前庭覚の働きの乱れも相まって、自分の体の使い方が実感できていない状態。

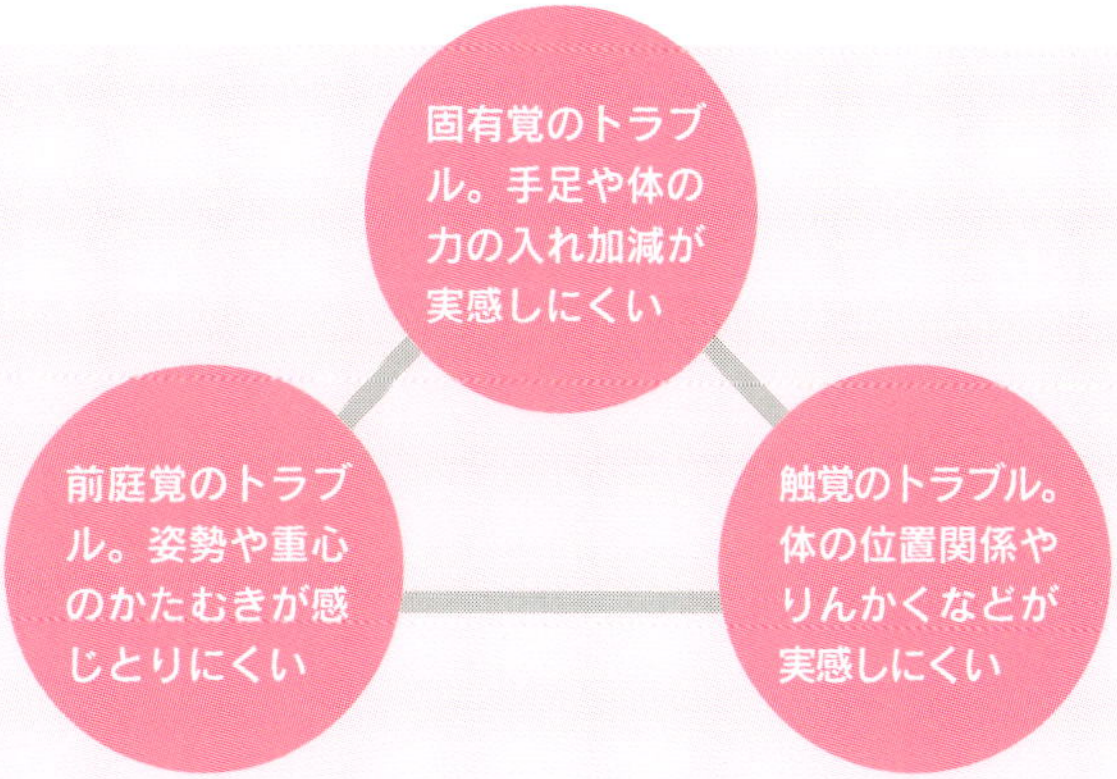

固有覚のトラブル。手足や体の力の入れ加減が実感しにくい
前庭覚のトラブル。姿勢や重心のかたむきが感じとりにくい
触覚のトラブル。体の位置関係やりんかくなどが実感しにくい

姿勢の維持・調節などに関わる「前庭覚」

前庭覚は「平衡感覚」「バランス感覚」とも呼ばれます。加速度を感知する感覚で、子どもの生活のなかでは、主に姿勢の安定に関わっています。

加速度を感知する働き

前庭覚は重力・直線・回転の３つの加速度を感じとっています。ゆれる、回るなどの動きをしたときに、耳の奥にある三半規管《さんはんきかん》や耳《じ》石器《せきき》で加速度を感知し、脳に情報を送ります。

道幅がせまく安定感のない場所でも自転車を上手にこげるのは、前庭覚が働いているから

前庭－脊髄系

筋肉の緊張状態を調節する働き。一定の姿勢を維持するためには筋緊張が必要

前庭－動眼系《どうがんけい》

回転《かいてん》後《ご》眼振《がんしん》をつくる働き。その働きによって眼球運動に関わる機能が発達する

前庭－自律神経系

交感神経と副交感神経のバランスを調節する働き。ここから快・不快の情緒が生じる

体のかたむきや空間認知に関わる

前庭覚は加速度を感知する感覚です。目がさめているときはつねに働いています。体勢が崩れたり、転んだりしないように、バランスをとるのが主な働きです。姿勢が崩れやすい子は、その前庭覚の働きにトラブルがあります。

前庭覚にトラブルがあると、本来であれば無意識にできる姿勢や視線の調節ができなくなります。

姿勢が崩れていても、自分ではわからず、大人から注意を受けてはじめて気づきます。しかも、何度注意されても姿勢を維持するのが苦手で、叱られ続けて、つらい気持ちを抱えてしまうのです。

トラブルがあると……
危なっかしい子にみえる

バランスがとれないため、姿勢や動作が不安定になり、危なっかしい行動やだらしない様子がよくみられます。いずれも、本人の気持ちの問題ではありません。

姿勢が維持できない

とくに重力に対して体の軸を維持・調整することが苦手となり、姿勢が崩れやすくなる。すぐに寝転がり、だらけてみえる。転びやすい。

目の動きが悪くなる

動眼系が機能しにくくなると、動くものを目で追う「追視《ついし》」や、所定のものをじっとみる「注視《ちゅうし》」、視線を移すことなどが苦手となる。

前庭覚の統合障害が起きている

ひざを曲げてバランスをとるのが苦手。ひざを直立させたロッキング状態で立っていて、いたずらされる

ゆれをひどくこわがる

自律神経系の働きが混乱すると、快・不快や覚醒レベルの調節が困難に。小さなゆれ、不慣れな姿勢を極端にこわがる。

自己刺激行動

落ち着きなく動き回って、自分で刺激を入れようとする。とびはねる、歩き回る、高所にのぼるなどの行動が目立つ

感じ方がにぶい子の場合

脳の中の、感覚の流れを整理する

感覚のトラブルや、感覚遊び・運動遊びによる感覚の調整は、道路と車でイメージすると理解しやすくなります。

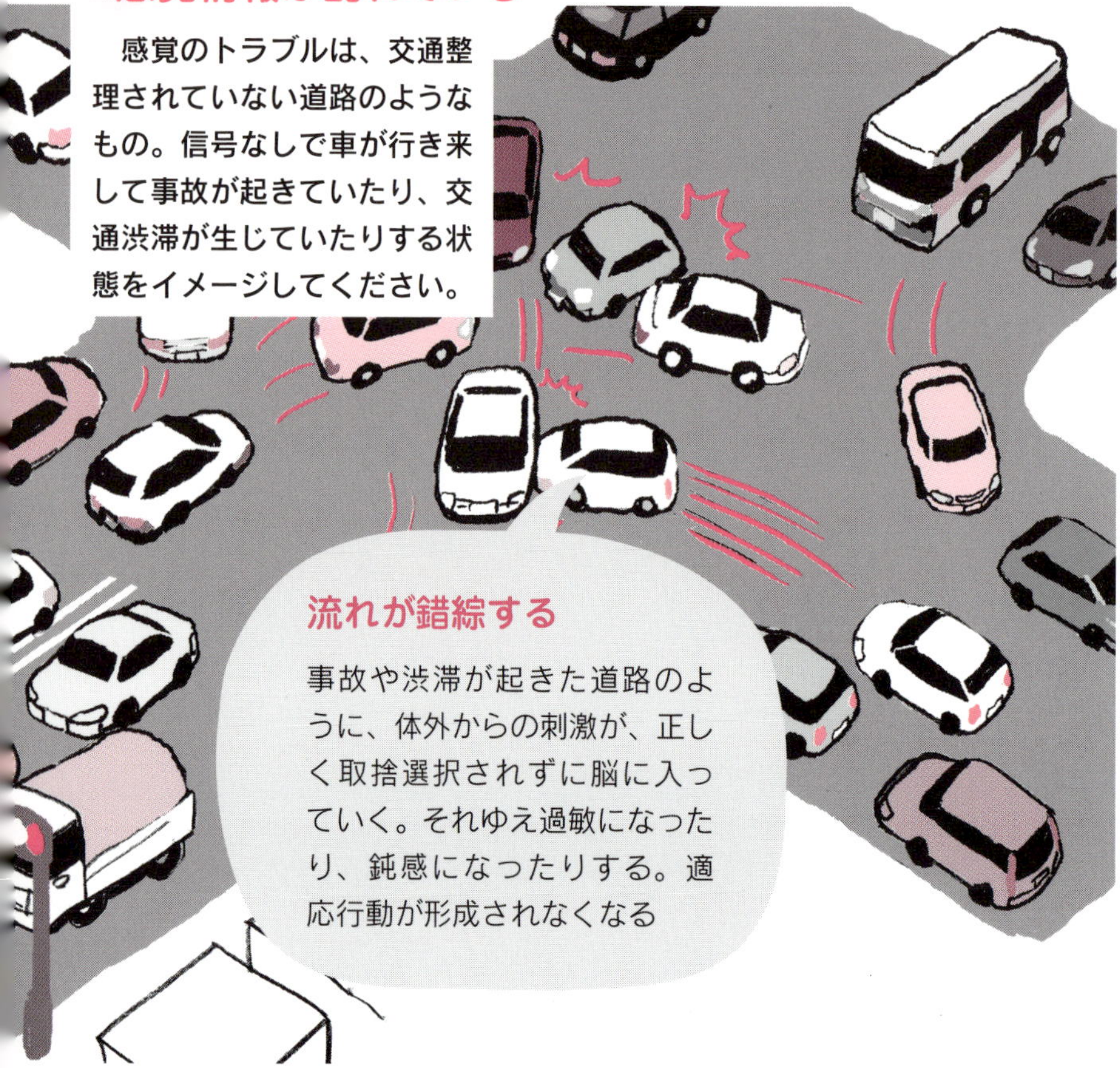

感覚情報が乱れている

感覚のトラブルは、交通整理されていない道路のようなもの。信号なしで車が行き来して事故が起きていたり、交通渋滞が生じていたりする状態をイメージしてください。

流れが錯綜する

事故や渋滞が起きた道路のように、体外からの刺激が、正しく取捨選択されずに脳に入っていく。それゆえ過敏になったり、鈍感になったりする。適応行動が形成されなくなる

体を動かすと感覚情報が整理される

本書では一五種類の「感覚遊び・運動遊び」を紹介しています。感覚情報の流れを交通整理して、子どもの混乱を緩和するために活用できる遊びです。

紹介している遊びには、自覚しにくい三つの感覚を整理して、統合する働きがあります。すぐにはじめられるものを紹介していますので、ぜひとりくんでください。

感覚にトラブルがある子はそのとき、その場、その状況に適した行動がとれず、苦しんでいます。感覚遊び・運動遊びをすると、自分のおかれた状況を理解する力が育ち、適応力も鍛えられます。

遊びで情報を整理する

感覚遊び・運動遊びをすると、感覚の使い方が実感できます。その実感を積み重ねるうちに、感覚情報が整理できるようになっていくのです。

ジャングルジムで遊ぶと、くぐる動きやつかむ動きによって、さまざまな感覚が育つ

感覚情報の交通整理は、脳の発達の土台

感覚遊び・運動遊びによって、子どもの感覚のトラブルをゆっくり調整していくと、日頃の教育の効果も出やすくなります。遊びで子どもの混乱をとりのぞき、教育・保育で子どもの力を伸ばすイメージです。

毎日の教育・保育によって、子どもの能力が花を咲かせる
感覚遊び・運動遊びは丈夫な根がはれるように土を耕す作業

流れを整理する

遊びを通じて感覚を調整すると、情報が適切な質量で脳に入ってくるようになる。子どもが混乱しなくなる。交通整理されて、車の流れがととのった道路のような状態に

ベースは作業療法士エアーズの「感覚統合療法」

感覚の働きを整え、生活に適応する能力を身につけることは、もともと「感覚統合療法」という療育法によって実践されてきたことです。

感覚統合療法などを参考にしている

本書で紹介している感覚遊び・運動遊びは、アメリカで誕生した感覚統合療法など、いくつかの療育法を参考にしたとりくみです。

遊びのベースとなった感覚統合療法は、世界的に知られる療育法のひとつ。発達障害などがある子のつまずきは、脳機能のトラブルによるものだと考え、そのトラブルを感覚の調整によって改善しようとする療育法です。

その考え方を遊びにとり入れたのが感覚遊び・運動遊びです。子どもが好む遊びを利用して、感覚の調整をおこない、生活上の困難を解消することを目指します。

感覚統合とは

感覚統合は、生活上の困難を抱える子どもへの療育法のひとつです。アメリカで提唱され、LDへの対応として、実践されはじめました。現在では世界で広く用いられています。

エアーズの考えによると、赤ちゃんが母乳を吸うのが、感覚の育ちの出発点

エアーズが提唱

20世紀なかばにアメリカの作業療法士アンナ・ジーン・エアーズが感覚統合療法の理論を提唱。子どものリハビリテーション技法として誕生。

アメリカで実践

LDの子への療育法として、実践がスタート。感覚情報を整理統合することで脳機能をととのえ、LD特性による困難を軽減しようとした。

日本感覚統合学会ホームページ（http://www.si-japan.net/）

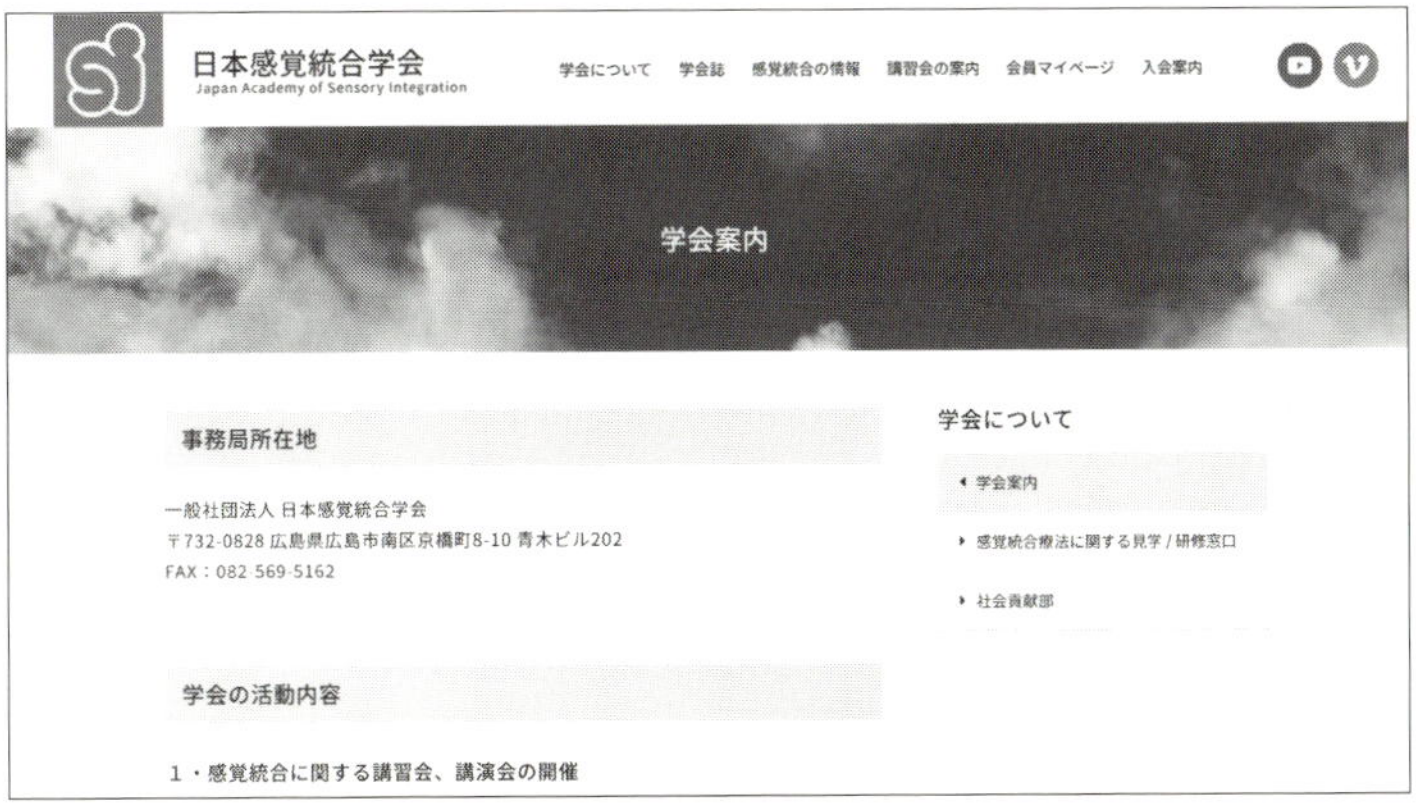

感覚遊び・運動遊びと感覚統合療法

本書でとり上げている感覚遊び・運動遊びは、感覚統合療法そのものではありませんが、感覚統合の考え方をいかしています。

正式な情報は学会へ

感覚統合について正確に学びたい人は、学会に問い合わせを。専門家向け・保護者向けそれぞれの講習会などが開かれている

感覚遊び・運動遊び

感覚統合の考え方やそのほかさまざまな療育法をいかしたとりくみ。遊びを通じて、感覚情報の整理をめざす

日本でも定着

日本でもひとつの療育法として定着。日本感覚統合学会を中心に、国内での実践がおこなわれている。

他国にも広がる

LD以外の発達障害にも応用されるようになり、また、アメリカ以外の国や地域でも用いられるようになった。

感覚統合療法は発達障害以外の療育にも活用され、役割を広げている

コラム

実感してみよう！

前庭覚の違いを実感

1

子どもをグルグル遊びに誘う。これは目の検査ではない。回転するイスに子どもを座らせ、これからイスを回すことを伝える。子どもが嫌がる場合はやめる。

2

子どもの背すじがイスの脚の軸と垂直になるように、座る位置を調整する。調整できたら、20秒間に10回転の速さで、イスを回す。

浅く座ると、背すじとイスの軸がずれる。深く腰かけて位置を調整

3

回っている間、子どもが特定のものに視線を集中しないように言う。10回転したところでイスを止め、子どもはイスに座らせたままに。

4

子どもの目をみる。黒目が動いているかどうか確認。続いて、大人もイスに座り、家族などにイスを回してもらう。子どもとの感じ方の違いがわかる。

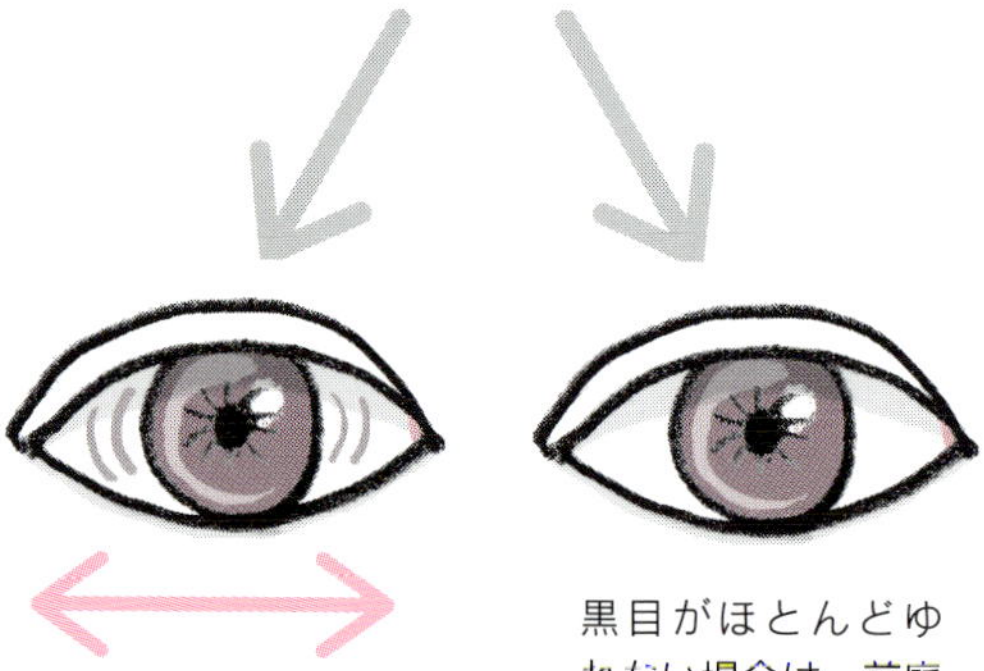

前庭覚がよく働いていれば10〜15秒間の黒目のゆれ（回転後眼振）が出る。目が回った状態に

黒目がほとんどゆれない場合は、前庭覚の働きが弱い

3 いますぐ家庭でできる「感覚遊び・運動遊び」

特別な道具を使わず、お金もほとんどかけずに、
今日からすぐにはじめられる遊びを紹介します。
どの遊びも、すぐに効果が出るものではなく、
また、とにかくやればよいというものでもありません。
目的を理解したうえで、じっくりとりくんでください。

家庭向け感覚遊び・運動遊び五つのポイント

家庭で感覚遊び・運動遊びにとりくむときには、遊びを必要以上に難しい、特別なものだと考えないようにしてください。それが楽しみながら成長するコツです。

親子ともに自信になるように

感覚遊び・運動遊びは、自分たちにあった方法を探すためのヒントです。遊びを通じて子どもの育てにくさの背景を理解すると、その子にあった対応がみえてきます。そして、子育ての自信や楽しさが回復してくるのです。

POINT

結果以上に自信を重視する

結果を出そうとするあまり、子どもに難易度の高い遊びをさせると、失敗して親子ともに自信を失い、かえって逆効果に。結果以上に自信の回復を重視しよう。

感覚遊び・運動遊び

本書で紹介している遊びはあくまでも基本形。子どもにあわせてアレンジする

↓

ホームプログラム

家庭では本人の希望、親の都合、経済力などを考慮して、できる範囲でとりくむ

子どもの特性を理解したうえで、親子ともに負担なく続けられそうなことにとりくむ

↓

親子ともに混乱が減り、先の見通しが立つ。本来もっている力が発揮できるようになる（○）

プログラムを正確に実践して、結果を出そうと考える。親子ともにがんばりすぎる

↓

短期間は成功しても、しばらくたつと挫折しやすい。親子ともに自信がなくなる（×）

手探り遊び（62 ページ参照）に洗濯ネットが活用できる。ネット 1 枚では少しみえる状態の手探りになり、ネットを何枚か重ねると、中がみえない状態での「さわり分け遊び」になる

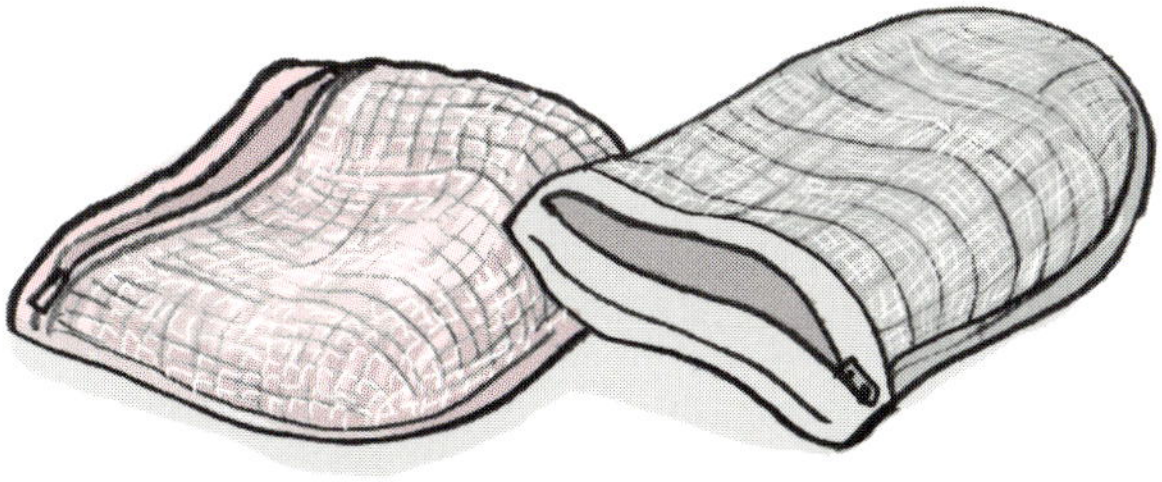

ホームプログラムの 5 つの条件

家庭でとりくむときの鉄則は、実践しやすくて、継続しやすい方法をとること。ポイントは 5 つあります。この 5 つにあうものを、専門家と相談しながら探しましょう。

わかりやすい

専門家の説明を聞いて、すぐに理解できること。自信をもってとりくめる。反対に、わかりにくい点があったら専門家に質問する

お金がかからない

特別な道具を買わなくてもできること。日々の生活にとり入れやすい。100 円ショップなどで買えるものを活用する

時間がかからない

5 分、10 分程度でとりくめること。週に何度か、手のあいたときに実践するだけでも効果が出る遊びがよい

労力がいらない

やる気になったらすぐにできること。遠方の公園や、予約待ちの施設に行かなくてもできる遊びを探す

効果が大きい

とりくんだときに、効果を実感できる遊び。小さな進歩でも、感じとることができれば、自信になる

正しさよりも楽しさを大切に

感覚遊び・運動遊びにとりくむ親子には、ひとつ注意してほしいことがあります。結果主義に陥らないでほしいということです。

結果を求めて焦り、遊びを完璧に実践しよう、子どもを早く成長させようと考えると、難易度の高い遊びを選んで失敗しがちです。

遊びを通じて子どもを理解し、子育ての自信や楽しさを実感すること。その点を大切にして、無理なくとりくんでください。

タッチング遊び

スポンジやヘアブラシで、体の一部をさわる

どんな子に向く？

- ほおずりされるのが嫌
- のりや粘土、砂などが苦手
- 歯みがきや爪切りを嫌がる

ねらい

触覚の「識別系」を使う

子どもがタッチングされている部位に注意を向けるように、ぎゅっと押す。触覚の識別系が働く。部位の名前を話しながらおこなうと、各部位を意識しやすくなり、ボディイメージづくりにも役立つ。

効果

拒否することが減る

触覚の識別系が育つと、原始系にブレーキがかかり、ほおずりや歯みがき、爪切りを嫌がることが減る。のりや粘土など、さわれる素材も増え、乱暴なふるまいや自己刺激行動も改善される。

1 家の中で、タッチングに使えそうな道具を探す。感触の異なるものをいくつか用意する。新しく買わなくてよい。

食器洗い用のスポンジ
ヘアブラシ
へちまのたわし
洗濯用のブラシ

2 用意したものを子どもにみせ、タッチング遊びを説明する。道具を子どもの腕に当て、嫌がらないものを探す。腕ではなく、足や背中のほうが注意を向けやすい子もいる。

3 腕やすねなど、子どもが嫌がらないところからスタート。道具を子どもの肌に直接当て、少し強めに押しつける。こすらない。

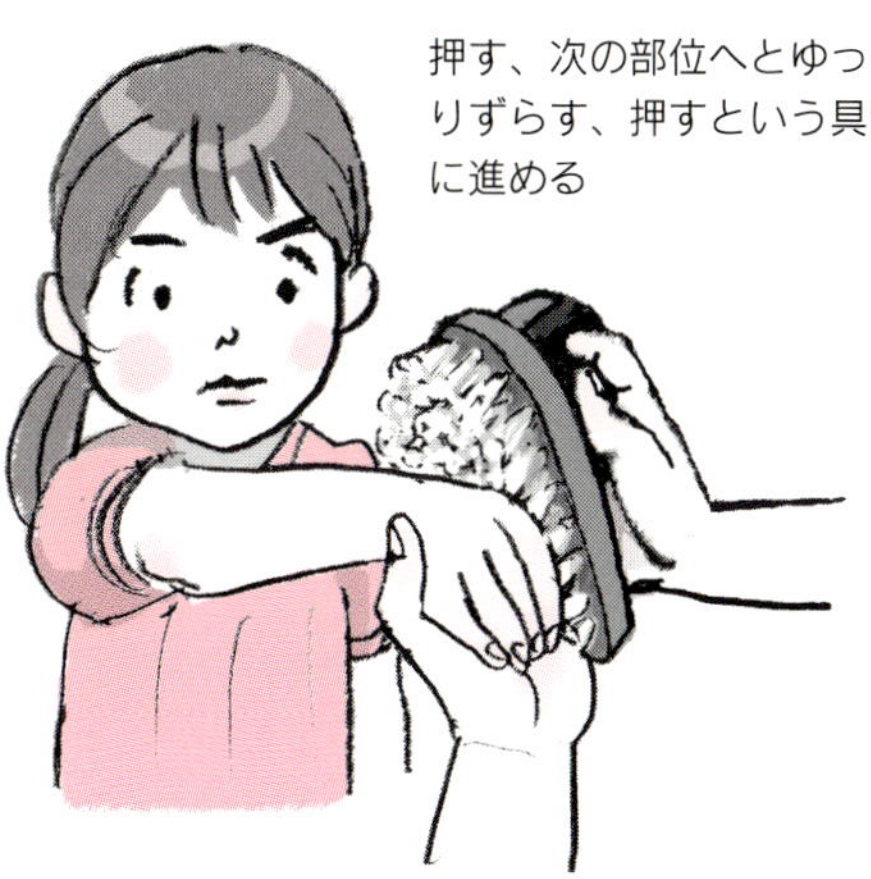

押す、次の部位へとゆっくりずらす、押すという具合に進める

4 子どもが注意を向けるようになったら、さわる部位を動かす。ひじ、二の腕、肩へ。嫌がる場合はひとつ前に戻すか、いったん手を離す。

肩から首、背中へ

腕から手、手の指へ

すねからもも、腰、おなかへ

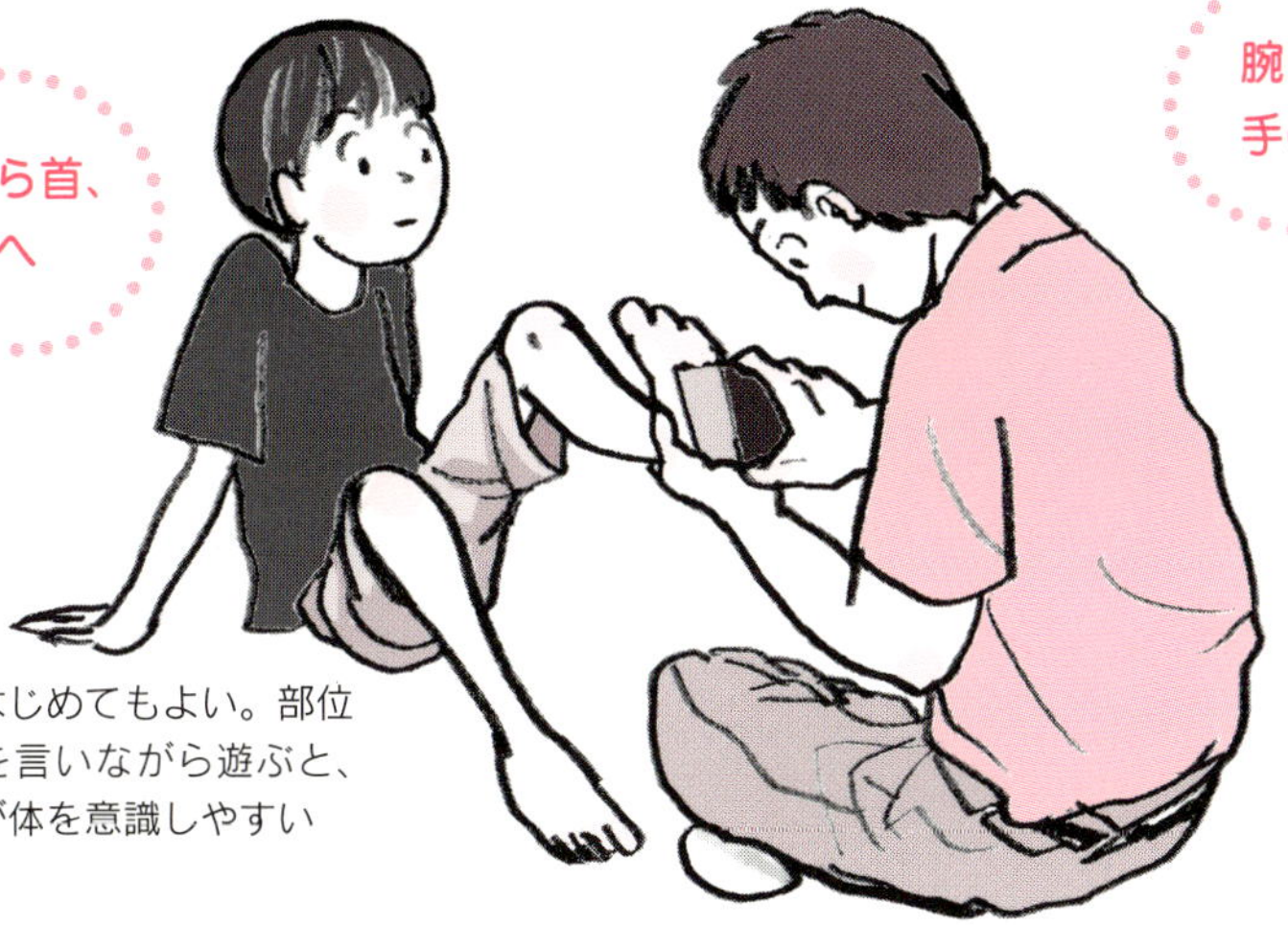

足からはじめてもよい。部位の名前を言いながら遊ぶと、子どもが体を意識しやすい

5 ほかの部位でもおこなう。最終的には首すじや口元など、子どもがさわられるのを苦手としているところをタッチングする。

- 回数の目安：週２～３回、３～５分間じっくりと
- 程度の目安:広く均等に圧力をかける。痛みは与えず、注意を向けるくらいの強さに
- 難易度アップ：苦手な部位にも数ヵ月がかりで挑戦

アレンジ

素手でタッチング

ブラシやスポンジなどを嫌がる場合は、親が素手でタッチングするとよい。その場合も広い面積を均等に押し、注意を向けさせる。

タッチングクイズ

子どもの背中に線を書いてクイズをする

どんな子に向く？

- 帽子や手袋が苦手
- 人の話を集中して聞けない
- ドアや家具によくぶつかる

1 子どもの背中を撮影して、その写真を印刷する。それがクイズの解答用紙になる。紙に背中の絵を書いてもよい。

背中の写真に星印などをつけ、どこが右肩でどこが右脇か、視覚的に示す

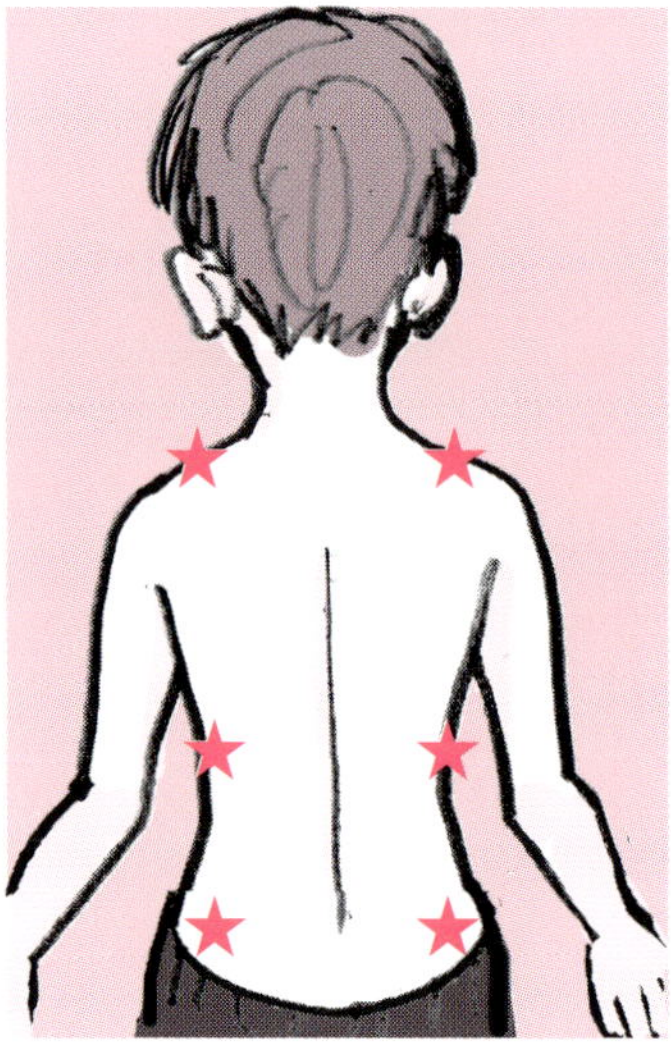

難しければ４点に。上達したら９点にしてもよい

2 背中を右肩・右脇・右腰・左肩・左脇・左腰に６分割してクイズをすることを、写真をみせながら、子どもに説明する。

ねらい

ボディイメージの発達

クイズをしながら子どもの肌にふれ、体の部位を意識させる。識別系が働くようにふれるのがポイント。ボディイメージが回復する。体に入ってくる感覚に注意を向け続けることで集中力も育つ。

効果

動きが器用になる

自分の手足や体の実感が育つため、動作イメージがつかめるようになり、全体的に動きが器用になる。触覚の過敏な反応がやわらぐ場合も多い。正答数が増えると、それが自己有能感にもつながる。

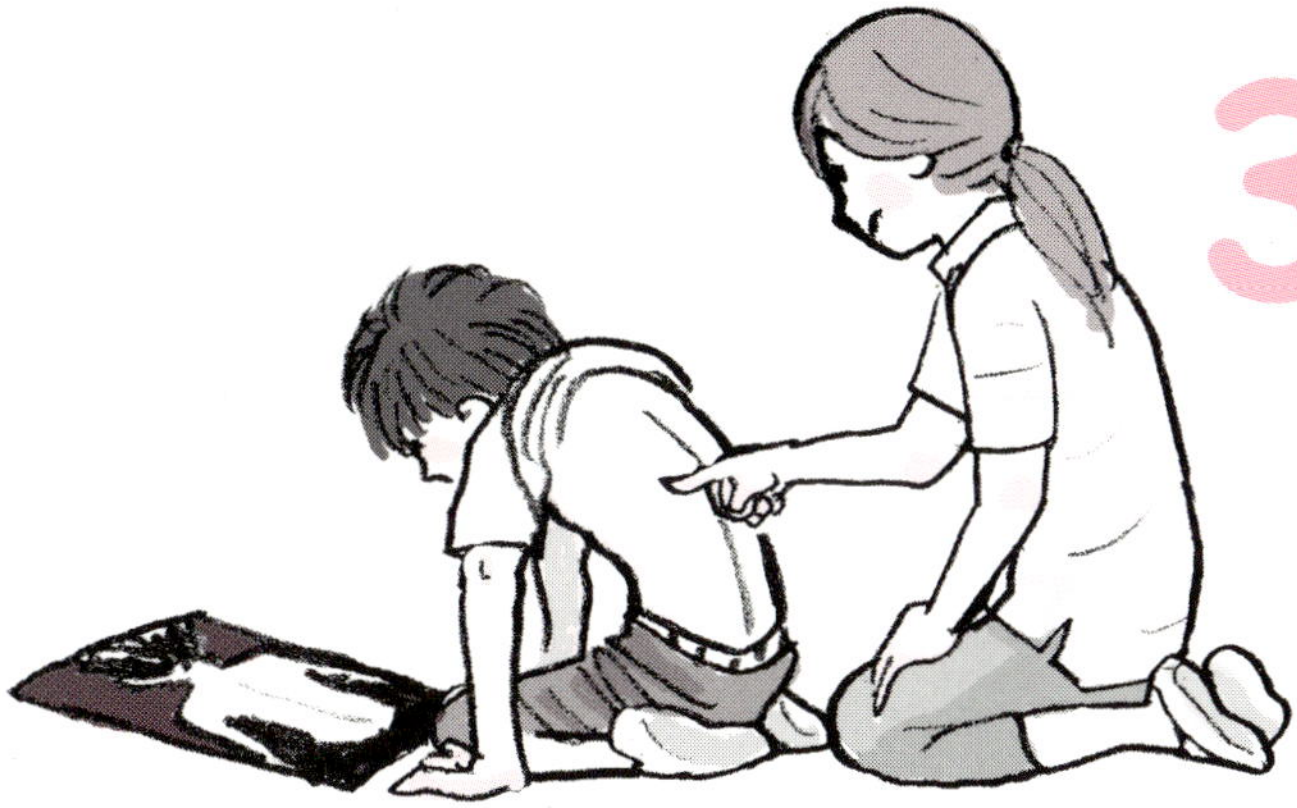

服をまくりあげて、背中の肌に直接ふれると、感覚が働きやすくなる

3 6点のうち1点にふれ、どこにふれたか、子どもに当ててもらう。子どもは写真をみて、正解だと思う点を指さす。次は、2点同時にふれるクイズにして難易度アップ。

4 次は背中に線を引き、どの点とどの点を結んだか、答えてもらう。さらに2画の線、3画の線とレベルアップしていく。

- 回数の目安：週2～3回、10問。正答数を記録する
- 程度の目安：線はゆっくり強く引く。肌をぎゅっと押す強さで
- 難易度アップ：画数を増やす、文字や数字を書く

手足やおなかでもできる。クイズ中は目をつぶってもらい、答えるときだけ目をあけてチャレンジ！

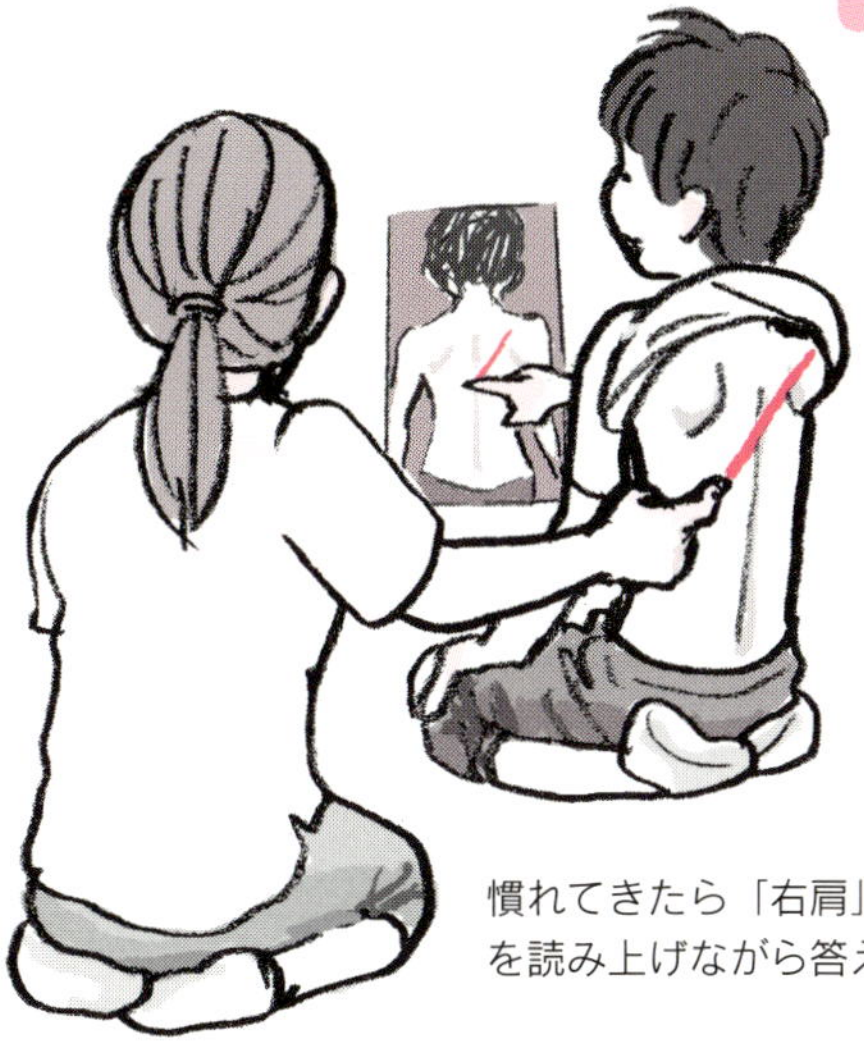

慣れてきたら「右肩」など、部位を読み上げながら答えてもらう

アレンジ

シール探し遊び

タッチが苦手な子は、シールやテープを貼るのもよい。貼った部位を子どもが指さしたり、探したりする。子どもの好きな絵柄やキャラクターをシールにすると、よりいっそう楽しめる。

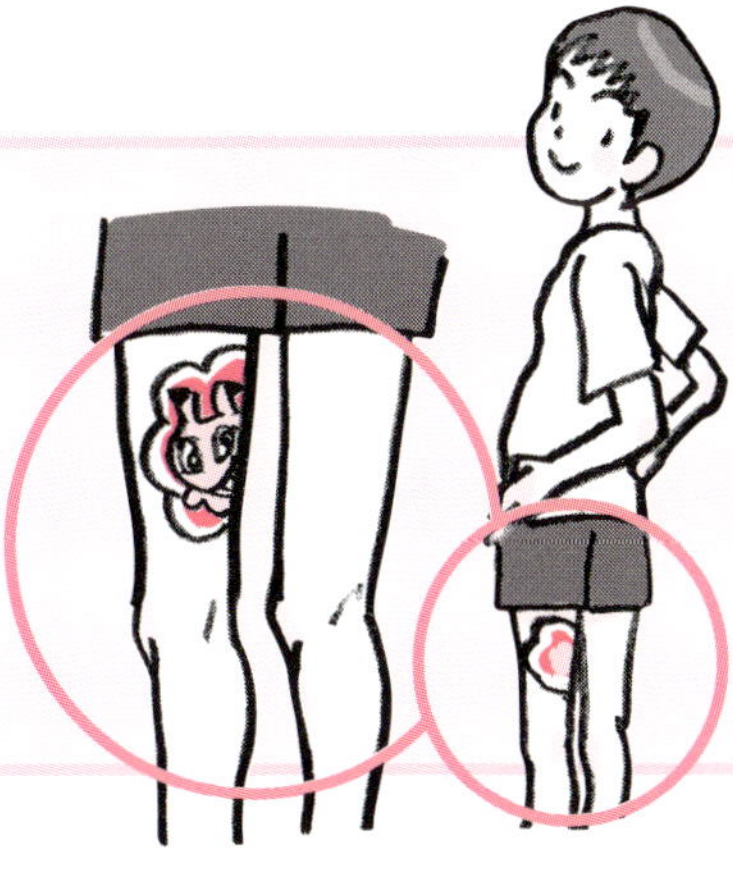

本人にはみえない部位にシールを貼る

手形遊び

紙に手を置き、えんぴつなどでなぞって手形をつくる

どんな子に向く？

- はしがうまく使えない
- 手元をみないで作業する
- 人の話に集中できない

1 紙とえんぴつを用意して、手形遊びを説明。子どもは紙の上に手を置き、指を開く。親は子どもの手首を軽く押さえ、えんぴつで子どもの手をなぞり、手形をつくっていく。

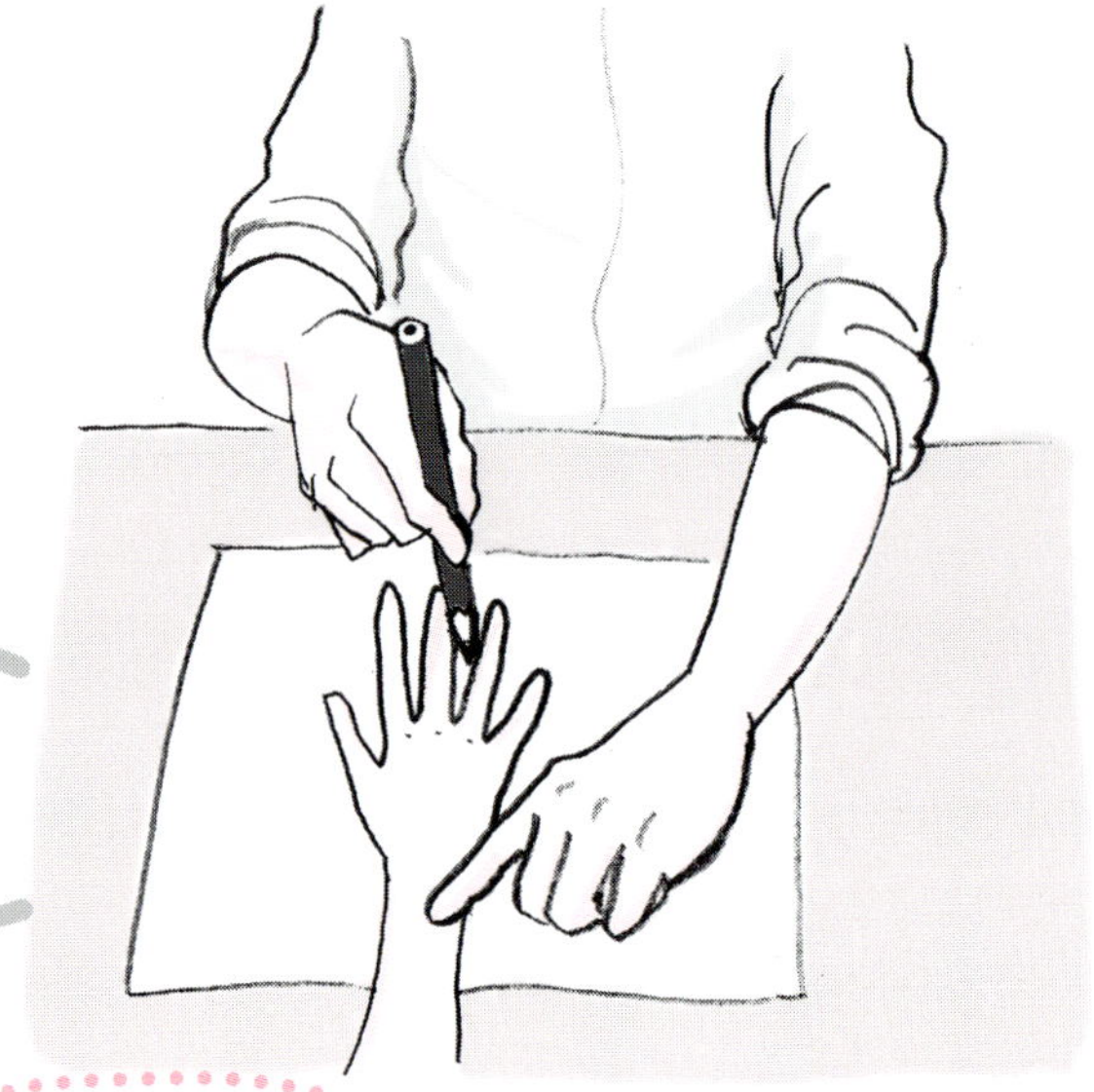

えんぴつを子どもの手に押しつけるようにして手形を書く

指や手のひらを押さえてはいけない。子どもがひとりで手形を維持するのがポイント

ねらい

手のボディイメージづくり

手先の触覚の識別系や固有覚を働かせて、手のボディイメージをととのえる。えんぴつを押し当てて、識別系を働かせるのがポイント。コインつかみや手探り遊びとあわせて実践するとよい。

効果

器用さ・手元の集中力アップ

手の動かし方がわかり、器用さがアップして、なにごとにも自信をもって作業できるように。手元をみること、作業に集中することも身につく。文字を書く力が伸びる子も多い。

アレンジ

指のタッチング

親が子どもの手を持って、手首から手のひら、指先に向かってタッチングする。少し強めにぎゅっと押して、指の触覚の識別系を働かせる。それによって手形遊びもうまくなる。

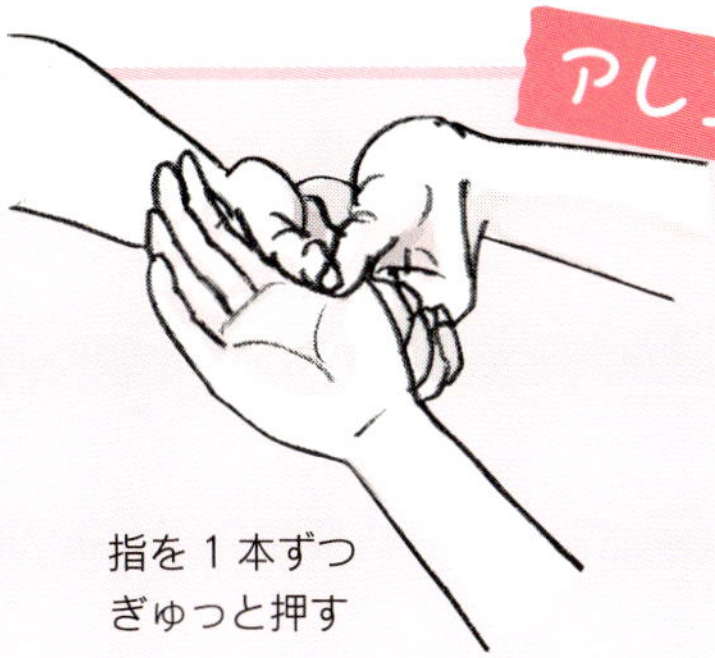
指を１本ずつ
ぎゅっと押す

2

手先の感覚がととのっていない子は、どこに力を入れれば手が固定できるかわからず、指が動いて手形が乱れる。触覚防衛反応が出る。

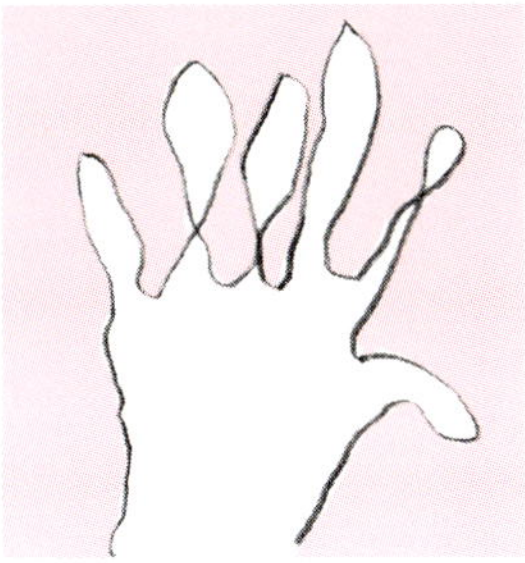

少し押しただけで
指が動く。触覚が過
敏に反応している

3

手先の感覚、とくに触覚の働きがととのっている子は、指が動かない。きれいな手形がとれる。

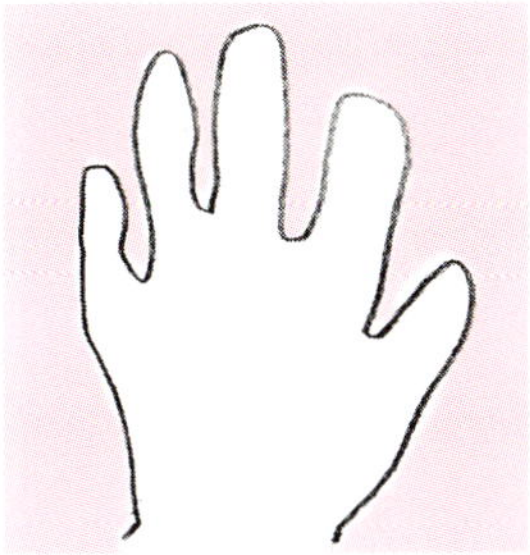

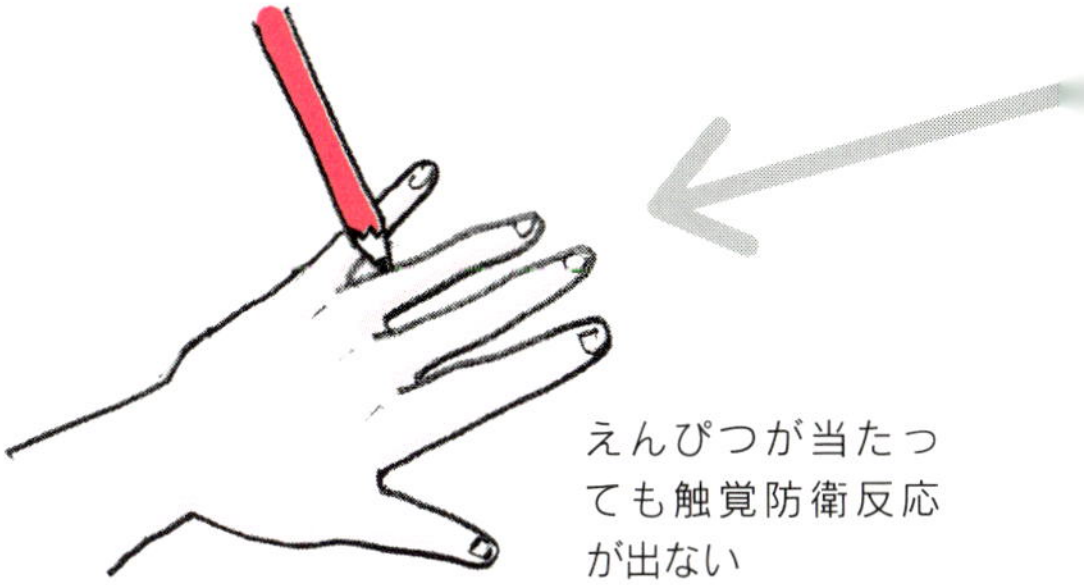
えんぴつが当たっ
ても触覚防衛反応
が出ない

4

うまくできなかった子は、同じ作業に挑戦。親が手形とりの見本をみせ、ゴールを明確にすると意欲的にとりくめる。

- 回数の目安：週に１回、左右それぞれ１～２枚
- 程度の目安：えんぴつは子どもの指を軽く押す程度の強さに
- 難易度アップ：目をつぶっておこなうのもよい

手探り遊び

袋の中に手を入れ、中にあるものを言い当てる

どんな子に向く？

- はしがうまく使えない
- ボタンのとめはずしが苦手
- のりや粘土、砂などが苦手

1 布製の袋を用意する。中身が外からみえないもので、子どもが手作業をできる大きさのものがよい。

袋の中に手を入れてガサゴソ。目隠しをしたのと同じ状態で作業する

完全に隠すと難しい場合には、少し中身がみえる洗濯ネット（55ページ参照）でもよい

2 手探り遊びを説明。袋の中におもちゃを入れる。子どもが袋の手ざわりに抵抗を感じていたら、袋を替える。

ねらい

手の識別系を働かせる

指や手でものにふれ、素材や大きさなどを区別することで、触覚の識別系が働く。目でみながら作業するときよりも、感覚がとぎすまされているという実感がもてる。効果を感じとりやすい遊び。

効果

手先の動きが器用に

手先でものをさわり分けること、緻密な作業をすることが上手になっていく。のりや粘土のヌルヌル感、砂や芝生のチクチク感、布や金属の感触への強い拒否反応がやわらぐ場合もある。

3 積み木やブロックなど、いつも使っているものを入れて、形を当ててもらう。○や△などシンプルなものがよい。

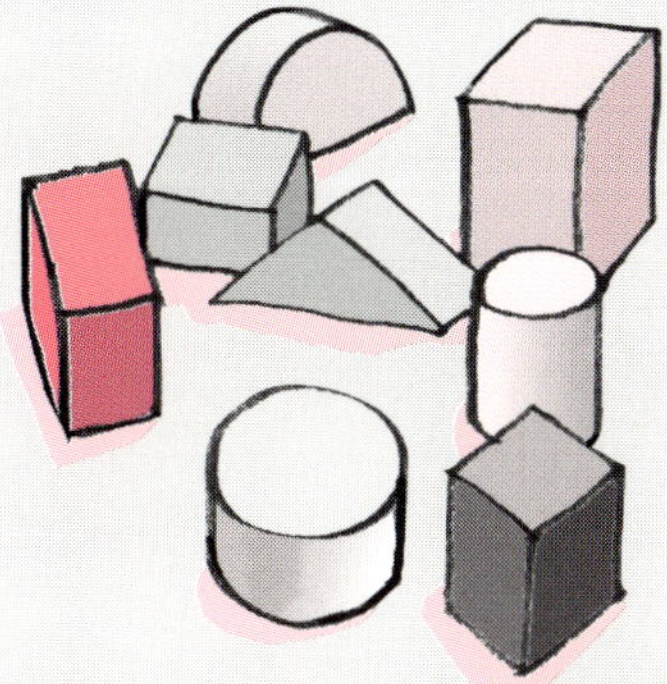

○や△、□などの形の積み木

4 おもちゃのほかに日用品や雑貨なども入れ、素材を当ててもらう。感触の異なるものをいろいろと試す。

ゴルフボールとピンポン玉を入れて、素材の違いを感じてもらう。好きな人形や電池なども使える

5 答えや結果よりも、手探りで課題にチャレンジする過程が大切。正答でなくても子どもをほめる。

- 回数の目安：週２～３回、５～10分程度。
- 程度の目安：日頃から慣れ親しんでいるものを使う
- 難易度アップ：中に入れるものを替える

アレンジ

目隠しクイズ

子どもが目をつぶり、手を出す。机の上に手を置くとよい。親は子どもの手の１～３点を指で押す。子どもはどことどこを押されたか答える。手のボディイメージづくりにもなるクイズ。

コイン遊び

3本の指でコインをつまみ、貯金箱に入れる

どんな子に向く？

- はしを使うのが下手
- ボタンのとめはずしが苦手
- 書き文字がマスをはみ出す

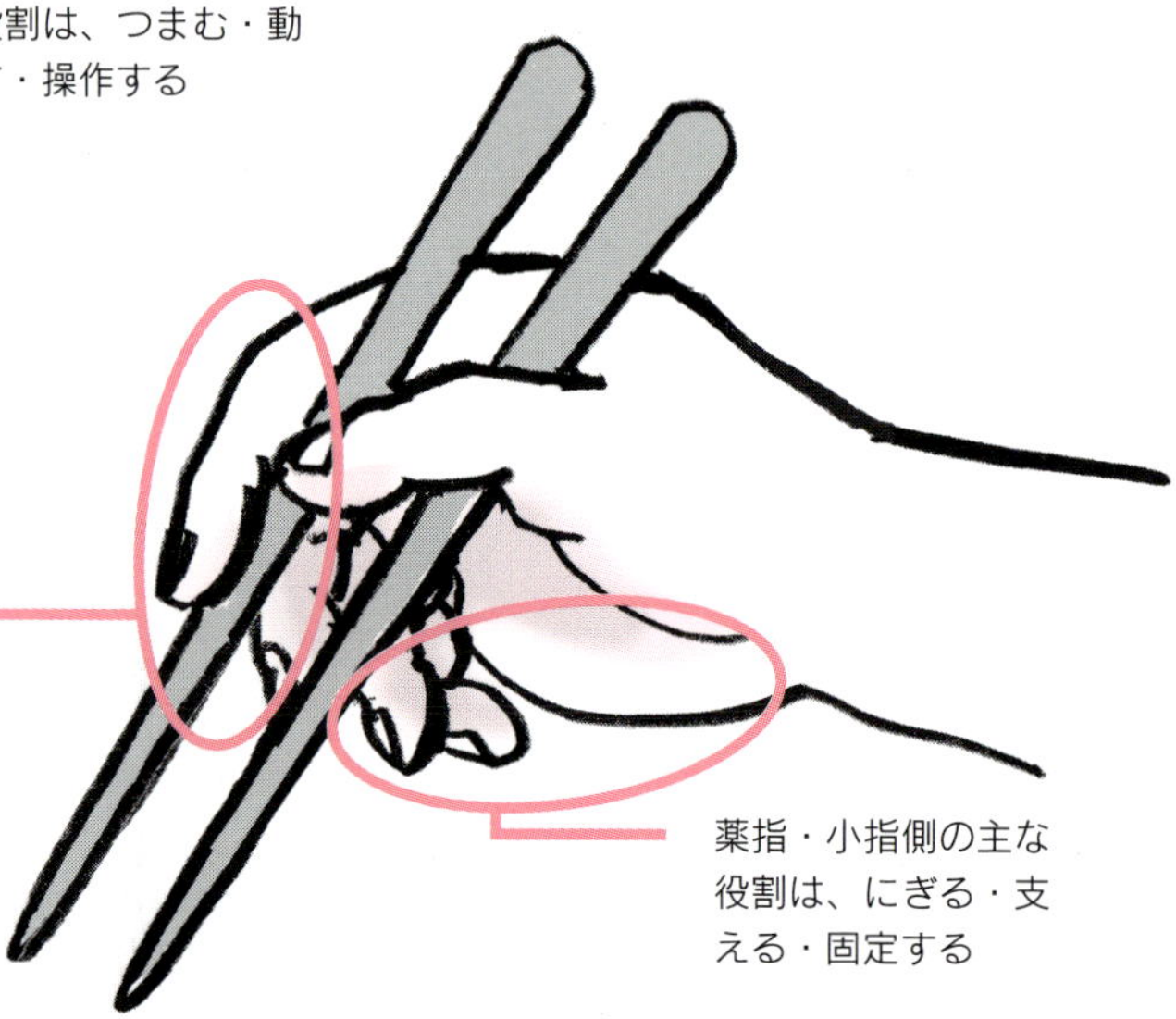

親指・人差し指側の主な役割は、つまむ・動かす・操作する
薬指・小指側の主な役割は、にぎる・支える・固定する

手の２つの役割を知っておく

ねらい

手の２つの役割を使う

親指・人差し指側のもつ役割と、薬指・小指側のもつ役割を、どちらも使えるようにする。２つの機能を別々に使うこと、連携させて使うことができるように、指先を動かす経験を積む。

効果

指先に力が入る

手や指の動かし方が身につく。はしやボタン、えんぴつなどの扱いが丁寧に。指でものをしっかり持てるようになる。子どもの器用さにあわせて遊びのレベルを調整するとよい。

1　まず、親が手の指の機能を理解する。つまむ動作とにぎる動作の違いを把握してからコイン遊びをする。

2

子どもにコインつかみを説明。1円玉を机にいくつか置く。子どもはそのコインを1枚ずつつまむ。

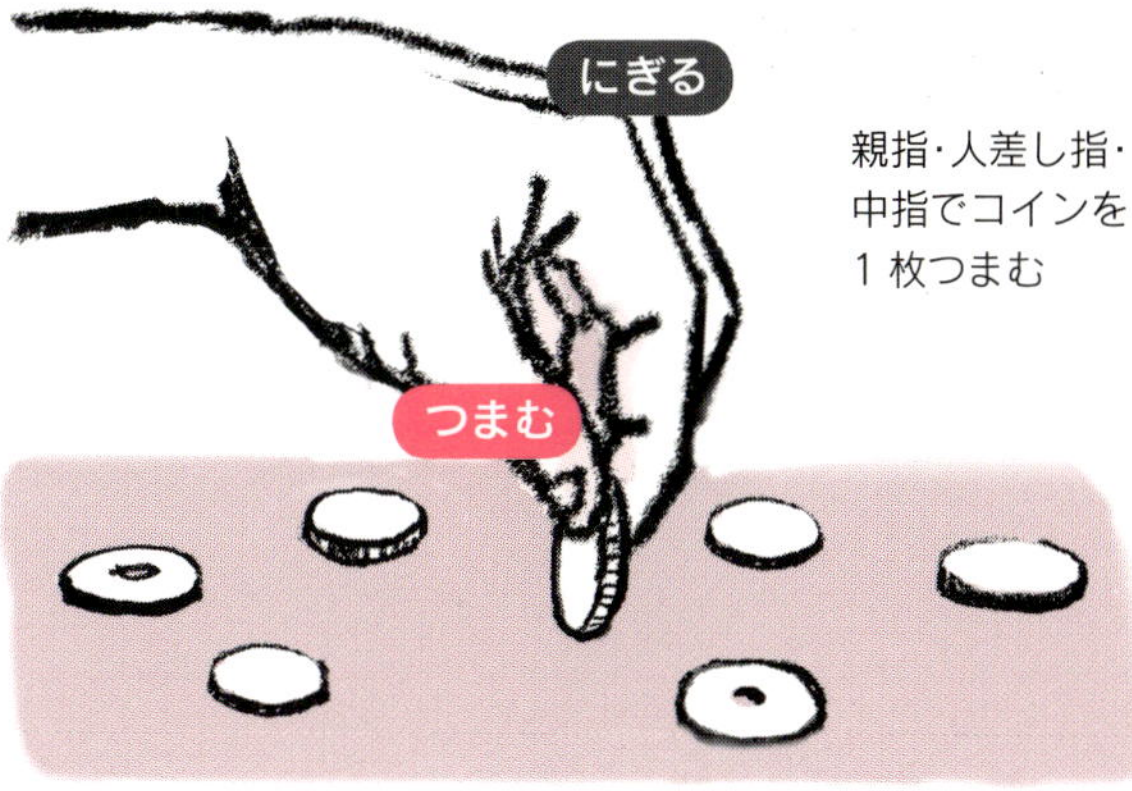

親指・人差し指・中指でコインを1枚つまむ

つまんだコインをにぎる動きを片手でおこなうのがポイント。すべての指を使う

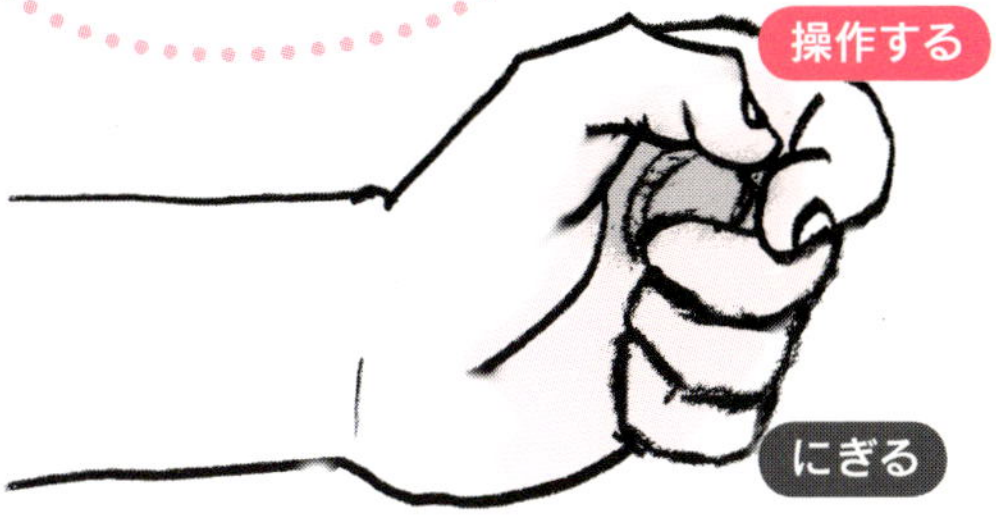

3

つまんだコインをにぎりしめたまま、次のコインをつまむ。その動作をくり返し、3、4枚のコインを手でにぎる。

親指・人差し指・中指でコインを動かし、薬指・小指の側へ送る。薬指・小指でコインをにぎりしめ、親指・人差し指は自由な状態

4

にぎりしめたコインを、1枚ずつつまみ出して貯金箱に入れていく。ここまでの流れを片手ですべておこなう。

- 回数の目安：週2～3回、10分。手が疲れるので短時間に
- 程度の目安：手が痛くならないよう枚数を調整する
- 難易度アップ：難易度も枚数やスピードで調整できる

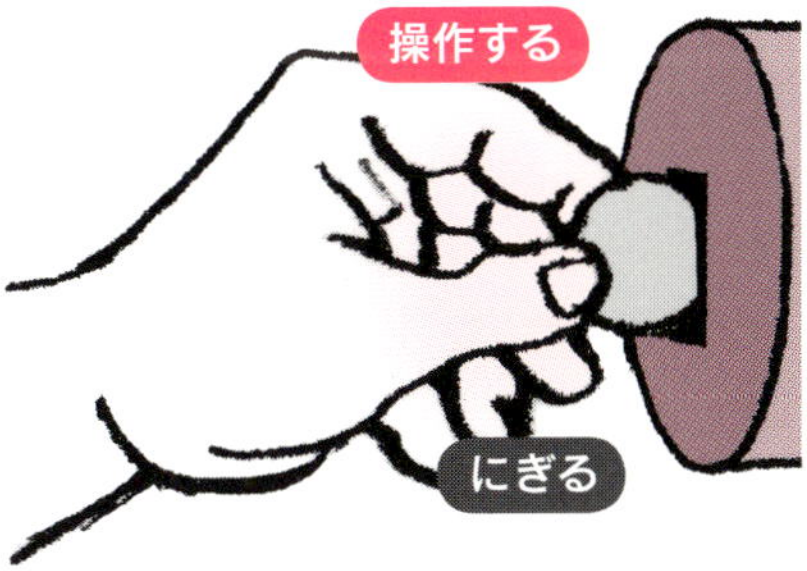

コインを親指・人差し指に送り、つまんで貯金箱へ

アレンジ

ペンまわし遊び

ペンを地面に対して垂直の向きにして、片手でにぎり、親指と人差し指で回転させる。薬指と小指はペンの向きの固定に使う。親指と人差し指でペンを上げ下げするのもよい練習になる。

ストレッチ遊び

関節がどこまで動かせるか、体験する

どんな子に向く？

- 飲み物を注ぐのが苦手
- 運動全般がぎこちない
- ものの扱い方が乱暴

ねらい

固有覚を使う

固有覚を使うことで、筋肉や関節の動かし方がわかってくる。動作のコントロールができるようになる。関節の曲がり具合や伸び具合、力の入れ加減も自覚でき、ボディイメージづくりに役立つ。

効果

力加減が身につく

とくに力加減の点で、効果が出やすい。手足の動きの調整ができるようになり、飲み物をこぼすことが減る。副次的に、ものを片付ける力がついたり、声の大きさの調整が身についたりする子もいる。

1 親子で楽しめそうな動きをとり入れる。ストレッチの本を参考にして、体に無理のない体操のなかから選ぶとよい。

首すじや背中などはさわられるのが嫌な子もいる。ふれあいは慎重に

腕のストレッチ。手首やひじがどこまで曲がるか、教えてあげる

2 本人が「そこまでは動かせない」と感じているところまで、体や手足を伸ばしたり曲げたりする。関節ひとつあたり10～30秒間。

ヨガはポーズのバリエーションが多く、継続しやすい
子どもが多少、ポーズを間違えても気にしない。楽しめればよい

3　ストレッチにヨガのポーズをとり入れるのもよいアイデア。解説書を参考にして、体によいポーズのなかから選ぶ。

4　ストレッチ、ヨガ、そのほかさまざまな体操から新しい動きをとり入れ、あきないように工夫する。

5　バランスをとるポーズもよい。筋肉の張りや姿勢のかたむきを意識すると、感覚がよりいっそう豊かに働く。

- 回数の目安：週２～３回、手のあいた時間に
- 程度の目安：少し力を入れただけで痛がる子も。痛がるところの一歩手前で止める
- 難易度アップ：姿勢キープの時間を延ばしていく

アレンジ

ゆっくり体操

ラジオ体操や教育番組の体操が好きな子にはゆっくり体操がぴったり。いつも楽しんでいる体操を、大幅にペースを落としておこなう。テレビ番組を録画してスロー再生すると簡単。

速度が落ちるとバランスをとるのが難しくなり、感覚がよく働く

しがみつき遊び

子どもが自力でだっこの姿勢をキープする

どんな子に向く？

- 動作模倣が苦手
- 体をよく家具にぶつける
- 鉄棒やとび箱が上達しない

ねらい

ボディイメージの発達

重力にさからって、手足と体をかがめて丸くするのが目的。「抗重力屈曲活動」という。ボディイメージの発達をうながせる。筋力アップのトレーニングではないので、負荷をかけすぎないように。

効果

手足や体に力が入る

ボディイメージが発達するため、体操やおゆうぎなどの際、ほかの子や先生の動きをまねすることができるようになる。また、体をぶつけずに家具の間を通ることや、鉄棒やとび箱の扱い方も上手になる。

勢いよくジャンプしてしがみつくと、どちらもけがをする。勢いはおさえて

1 親が立った状態で、上半身を少し前に倒し、前かがみの姿勢になる。腰痛がある場合は無理をせず、ほかの人に役をかわってもらう。

2 子どもが正面から向き合ってしがみつく。しばらく待っても足で親の腰をはさもうとしない場合は、足を使うと安定することを教える。

アレンジ

ブタの丸焼きポーズ

親が協力できないときには、学校や公園の鉄棒にしがみつくとよい。ブタの丸焼きのようなポーズで何秒間ぶら下がっていられるか。棒のぼりにも同様の効果が期待できる。

鉄棒にぶら下がって何秒間この姿勢をキープできるか

3 親は最初は子どもが落ちないように両手で腰を支える。姿勢が安定したら手を離す。子どもは落ちないようにしがみつく。

4 何秒しがみついていられるか、親子で数える。子どもが落ちそうになったら、親は腰を曲げるなどして安全をはかる。

5 最初は足に力を入れられない子もいる。何度かチャレンジさせ、手足への力の入れ方も説明する。

- 回数の目安：週１回、一度につき２～３回
- 程度の目安：子どもの体重が 15kg を超えると親の腰痛の危険性が高まる
- 難易度アップ：１分間を目標に。それ以上負荷を増やさない

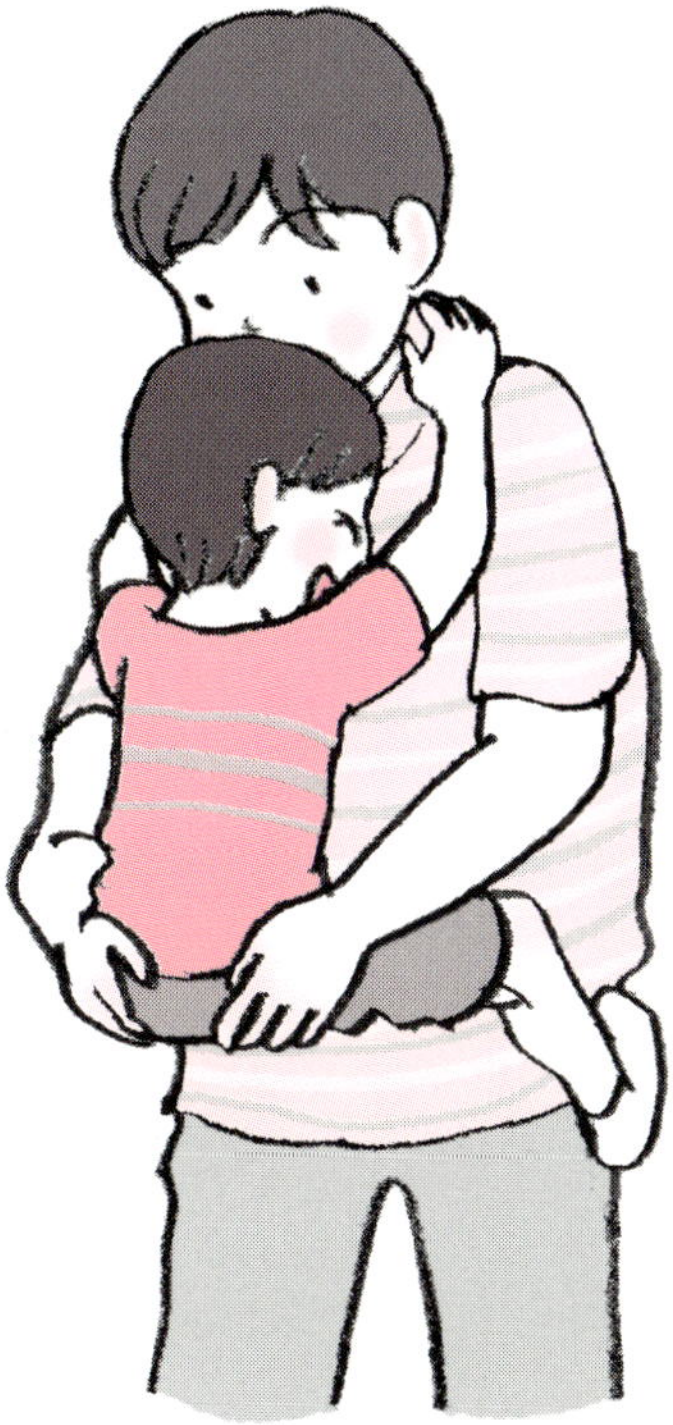

しがみつき時間の目標は、子ども本人が決める。目標意識をもってもらう

固有覚の働きが弱い子は数秒でずるずると落ちはじめる

ゆらゆら遊び（前庭覚遊び①）

ブランコを使って、小さなゆれを経験する

どんな子に向く？

- 姿勢が崩れやすい
- いつも落ち着きがない
- プールに浮くのがこわい

1 ゆれがこわくてブランコに乗れない子ども向けの遊び。親が子どもをだっこして、背中や腰、首すじをしっかりと支える。

子どもをしっかりだきとめ、姿勢を100％介助する

子どもが不安を感じない状態で、ゆっくり前後にゆらしてみる

2 子どもをしっかりと支えたまま、親が上半身を前後にゆっくりゆらす。小さなゆれにとどめる。

ねらい

ゆれで前庭覚を働かせる

前庭覚を受け止める回路を活性化させる。ゆれをこわがる姿勢不安の子に適する。子どもをしっかり抱きとめながら、小さなゆれをつくる。ほかの前庭覚遊びとねらいが部分的に重なっている。

効果

姿勢不安がやわらぐ

回路の活性化によって、ゆれへの恐怖が少しずつやわらいでいく。経験を積み重ねることで、いずれブランコに乗れるように。前庭覚が働くため、結果として姿勢の維持・調節もしやすくなる。

3　ゆれをこわがらないようになってきたら、ブランコにチャレンジ。親が同じようにしっかりだきとめた状態でブランコに座り、両足を地面につけたまま、ゆっくり前後にゆらす。

子どもの支え方は、右ページと同じ。両腕でしっかりとだきとめる
親は両腕でくさりも抱え、ブランコを安定させる

最初は地面に足をつけたままで、少しずつゆれを大きくしていく

4　ブランコでのゆれも平気になったら、少しずつゆれを大きくする。親が足を地面から離して、ブランコをこぐ動きをとり入れていく。

5　子どもがこわがらないゆれ方をキープしたまま、だきとめ方をゆるやかに。最終的にはひとり乗りへ。

- 回数の目安：週2～3回、5～10分程度
- 程度の目安：子どもがこわがらない大きさのゆれに
- 難易度アップ：①ゆれの拡大、②だきとめ方をゆるめる

アレンジ
ダイエット器具で遊ぶ

ゆれる馬の形をしたダイエット器具がある。子どもがその上にまたがってゆれると、前後左右のゆれが経験でき、ブランコと同じように感覚を働かせることができる。ゆれがある程度、平気な子向け。

数当てクイズ（前庭覚遊び②）

ブランコなどに乗りながら、一瞬みえた数を当てる

どんな子に向く？

- ボールをとるのが下手
- 教科書を読むのが遅い
- 板書をうつすのが苦手

1 ブランコなどの動きのある遊具を使って遊ぶ。ブランコに乗っている間にクイズを出すことを予告する。

くさりをつかむことで、パワーグリップを使い、手先の機能も育つ

小さなゆれだと眼球運動にならない。大きくゆらす

2 子どもはブランコを大きくこぎ、前後に大きなゆれをつくる。親やきょうだいがブランコを引いて手伝うのもよい。ゆれの前方の位置に親が立ち、クイズを出す。

ねらい

眼球運動をうながす

全身がゆれているときにものをみると、前庭覚が働くと同時に眼球運動が生じる。視点を動かし、一点に集中する経験をつむことができる。上下左右、前後への焦点のしぼり方を体感する。

効果

焦点をしぼれるように

視点を動かすのが上手になる。黒板とノートを交互にみることがスムーズになって板書をノートにうつす苦労が減る。空間認知の力も上がり、キャッチボールや部屋の片付けなどが上手に。

3

親はブランコが前にきたとき、指を何本か立てる。子どもにその数を当ててもらう。指は一瞬だけみせる。

小さめのスケッチブックと太いペンを持っていき、その場で問題を書く
ねこ
数字や絵が書かれたカードを用意。裏面をみせておき、一瞬だけ表の数字や絵をみせる

ブランコに向かい合って立ち、指をみせる。横に立つと子どもがバランスをとりにくい

4

ほかにも、文字を書いて読んでもらう、カードをみせて数字や絵柄を答えてもらうなどのクイズが役に立つ。

アレンジ

すべり台でも

ブランコをすべり台や回転イス、トランポリンなどに替えても同様の効果がある。いずれも、一瞬だけ問題をみせ、答えてもらう。動きながらクイズをするのがポイント。

5

問題と答えがパターン化しないように、クイズの種類を増やして、さまざまなことにチャレンジ。

- 回数の目安：週１～２回、20分。クイズは替える
- 程度の目安：ブランコ３往復あたり１問くらいからスタート
- 難易度アップ：１往復１問にして、クイズの難易度を上げる

グルグル遊び（前庭覚遊び③）

回転するイスや、公園の遊具でグルグル回る

どんな子に向く？

- 姿勢が崩れやすい
- トランポリンがこわい
- 板書をうつすのが苦手

1　子どもが乗ってグルグル回れる道具を用意する。家庭ではイス、公園や学校では遊具が活用できる。

子どもの背骨とイスの回転軸が一致していると、よりいっそうよい

背もたれを抱えると体勢が安定。イスから落ちることがなくなる

2　子どもに回転遊びを説明。あまり勢いよく回るとけがをすることも伝えておく。子どもには自由に回ってもらう。

ねらい

回転で前庭覚を使う

ゆらゆら遊びと同様に、前庭覚を働かせる。前後左右のゆれと回転では動き方が違うため、どちらかが苦手な子への選択肢のひとつとなる。ダーツ遊びを組み合わせると眼球運動がより活発に。

効果

姿勢不安が減る

体の中心軸がととのうことが効果の中心だが、それにともなって、目の動かし方もよくなる。ボールを目で追うことや板書をノートにうつすことなど、目の動きに関わることが上手になっていく。

3 ただ回っているだけではあきてしまうので、ダーツ遊びなどを組み合わせる。イスで回りながら、タイミングよくダーツを投げる。

的がみえるタイミングに親が「いまだよ」「投げて」などと声をかけると、タイミングをとりやすい

目をあわせるポイントを用意するのが大切。ダーツでなくてもかまわない
1周ごとに投げるのが難しければ、5周に1回でもよい

4 ダーツの的は一定の位置に。周回ごとに同じ位置に的があるため、子どもが1回転を意識しながら遊べる。

- 回数の目安：週2～3回、30回転程度
- 程度の目安：30回転で20秒くらいかける。ある程度速く回す
- 難易度アップ：遊具やダーツを別のものに

アレンジ

公園や遊園地へ

家庭では回転イスくらいしか使えるものがない。グルグル遊びは公園や遊園地、アスレチック施設などに出かけると幅が広がる。遊び慣れたら外出先でもチャレンジしよう。

タイヤブランコなどでグルグル回りながらゆれ動く

ジャンプ遊び（前庭覚遊び④）

親が手を貸して、トランポリンで大ジャンプ

どんな子に向く？

- 姿勢が崩れやすい
- まっすぐに立てない
- でんぐり返しが苦手

ひとりでとんだときの高さを、本人の頭いくつ分か、みておく

姿勢が崩れやすい子は、ジャンプするときの着地点が前後左右に動きやすい

着地点がどのくらい動くか、みる

1 トランポリンでジャンプする。最初は子どもに自由にとんでもらい、どのようなとび方をするか、様子をみる。

ねらい

上下の動きで前庭覚を使う

ゆらゆら遊びと同様に、動いて前庭覚を使う遊び。上下のゆれで感覚を働かせる。前庭覚遊びの選択肢のひとつ。ジャンプのタイミングをつかむことで、リズム感も働いている。

効果

姿勢の中心軸がまっすぐに

ほかの前庭覚遊びと同様に姿勢の崩れが改善する。ジャンプではとくに、体の中心軸である正中線がととのいやすい。また、感覚刺激がよく入るため、自己刺激行動が抑制される。

アレンジ

タンバリン遊び

ジャンプ遊びをより楽しくするアイデア。親がタンバリンなどの楽器を持ち、子どものジャンプの最高到達点でかまえる。子どもはできるだけ高くとび、楽器をたたく。

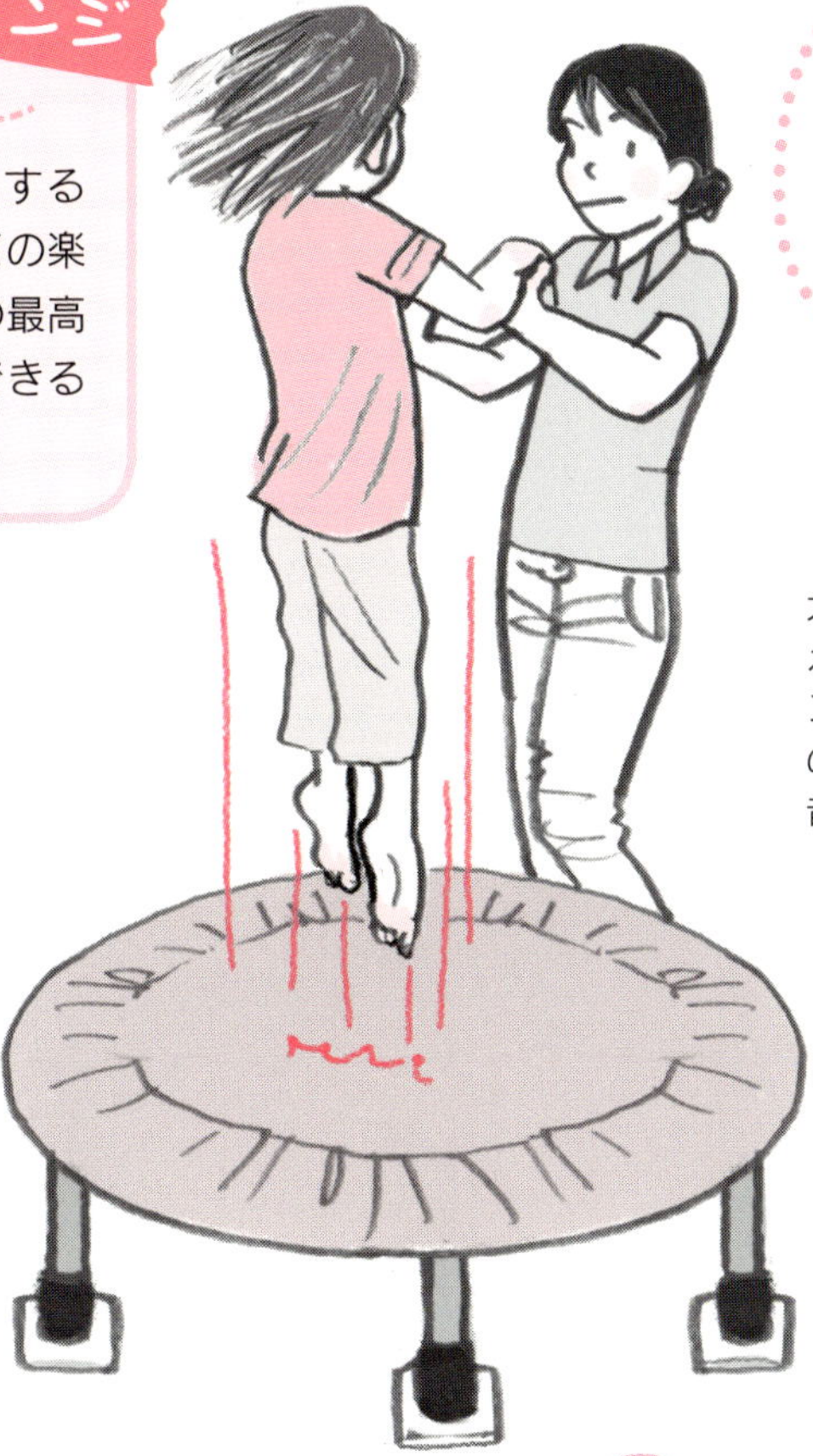

ひとりでとぶときの2倍高くとんでいるときは、感覚がよく働いている

大人が介助して支える。トランポリンの下に洗濯機用の防音材を置くと音が静かになる

子どもの脇の下に両手を入れたり、腰を両手でつかんだりして支えてもよい

2 次に、親が両手で子どもの両手を持って支え、介助した状態でジャンプさせる。親は支えるだけで、あまり力を入れない。

3 介助して、子どもがバランスをとれるようたすけたり、より高くとべるよう、勢いをつけたりする。

4 ジャンプを続けるうちに、高さが少しアップして、着地点が動かなくなっていく。体がしゃきっとしてみえる。

- 回数の目安：週２～３回、10分間。100回以上を目標に
- 程度の目安：介助ありで、できるかぎり高くとぶ
- 難易度アップ：回数や高さなどの目標を設定する

すべり遊び（前庭覚遊び⑤）

すべり台で、さまざまな姿勢ですべってみる

どんな子に向く？

- プールに浮くのをこわがる
- 姿勢が崩れやすい
- 板書をうつすことが苦手

1 公園などに行き、すべり台ですべりおりる。子どもがこわがる場合には、大人が姿勢を支えるか、スピードを調節してすべる。

ゆっくりでもよい。すべる動きを体感する

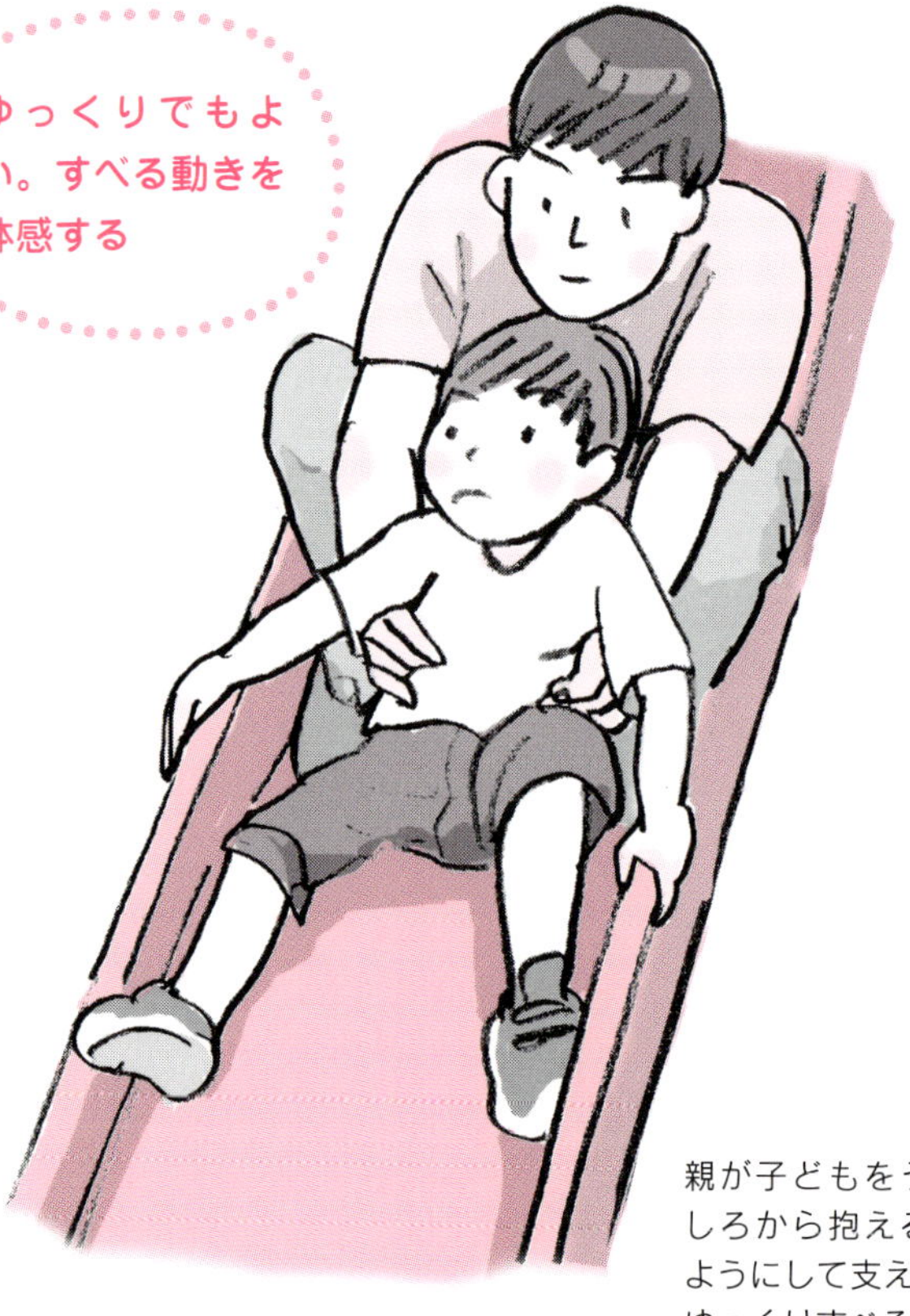

親が子どもをうしろから抱えるようにして支え、ゆっくりすべる

ねらい

上から下への前庭覚遊び

ゆらゆら遊びと同じ前庭覚遊びのひとつ。高いところから低いところへの動きで感覚を働かせる。さまざまな姿勢ですべることによって、ゆれや姿勢の変化を経験する。不安が強い子でもゆっくりならできる。

効果

姿勢不安がやわらぐ

プールに浮くときなどのゆれや、不慣れな姿勢などをこわがる姿勢不安がやわらいでいく。また、前庭覚を使うため、姿勢の崩れやすさや目の動きの悪さも、あわせて改善する。

2 前庭覚を働かせる経験を積むと、姿勢の調節が上手になり、こわさが軽減する。ひとりですべれるように。

こわさがなくなると、楽しくなり、何度でもすべれるように

しゃがむ体勢のほかに、あおむけに寝てすべったり、うつぶせですべったりする

3 ゆっくりすべることが平気になってきたら、じょじょにスピードをあげるのもよい。姿勢不安よりも、姿勢の崩れなどに効果的な運動遊びになる。

- 回数の目安：週２～３回、10分間。10回程度すべる
- 程度の目安：最終的にはスピードをつけてすべる
- 難易度アップ：体勢を変えることとスピードアップ

芝ぞり遊び

アレンジ

大きな公園の坂や川ぞいの土手などで、そり遊びをするのもよい。段ボールなどでそりをつくり、ゆっくりすべる。さまざまな体勢で楽しめる。ゆれがこわくない子向け。

左右にもゆれるため、すべり台より難易度は高い

アスレチック遊び

またぐ、くぐる、よじのぼるなどの動きを体験する

どんな子に向く？

- 家具によくぶつかる
- 動作模倣が苦手
- 片付けるのが下手

ねらい

全身のボディイメージづくり

日常生活では体験できない動きをして、ふだん使っている以上に触覚・固有覚・前庭覚を働かせる。とくに、棒や縄などをにぎるときに親指に力を入れ、パワーグリップを使うとよい。

効果

ケガやミスが減る

体の動かし方がなめらかになり、ぶつかることや転ぶことが減る。作業のがさつさも解消され、飲み物をこぼす、ものをちらかすなどのトラブルも、改善しやすくなる。全体的に行動が丁寧に。

1 アスレチック施設のある公園へ。近隣にあり、経済的に利用しやすい公園でよい。特別な施設に行く必要はない。

くぐる遊び。首や体、手足を曲げて通る動きで、ボディイメージが育つ

アスレチック施設では、遊んでいるうちに自然とさまざまな感覚が働く

2 大きな設備を使って、家庭では体験できないダイナミックな動きをして遊ぶ。手足や体の使い方をアドバイスする。

3　とくに決まりをもうけず、子どもに自由に遊ばせる。ひとつの動きだけに集中しないよう、ほかの器具もすすめる。

- 回数の目安：ほかのプログラムと並行して月に１回程度
- 程度の目安：できないことを無理してやらせるのはさける
- 難易度アップ：未体験の設備を楽しむ

手元にも注目！

子どもがアスレチックやブランコで縄やくさりをつかむときの親指に注目！　親指がほかの指の対向の位置にあり、手のひらで支えているのが「パワーグリップ」。手の器用さの基本はここから。

パワーグリップ

フッキング。親指がほかの指の平行位にあり、また、手のひらも使われていない

アレンジ　ジャングルジムへ

大きなアスレチック施設に行かなくても、ジャングルジムで同様の体験ができる。ただのぼっておりるだけではなく、くぐる、またぐ、ぶらさがるなどの動きを入れるとよい。

よじのぼる遊び。手や指を使ってつかむ動きで、手先の感覚が育つ
またぐ遊び。バランスよく先に進もうとするうちに、バランス感覚が働く

ツイスターゲーム

ふだんしたことのないポーズをして遊ぶ

どんな子に向く？

- 姿勢が崩れやすい
- 運動全般が苦手
- ぶつかる・転ぶが多い

ツイスター／タカラトミー。カラフルなマットとルーレットがセットになっていて、すぐに遊べる

ねらい

ボディイメージづくり

手足を指定のマスに動かすというルールによって、思いがけない動きをすることになり、手足や体によい感覚刺激が入る。それによって固有覚をはじめ、すべての感覚がよく働き、調整される。

1 市販の「ツイスターゲーム」を用意する。用意できない場合は、通常のマットを使って一般的なストレッチをしてもよい。

2 マットを使う場合は、手足の曲げ方がいつも通りになりやすいので、親が随時、子どもに手足の位置を指示する。

効果

動きの幅が広がる

体の動きが全体的に柔軟になり、幅広くなる。前庭覚もよく働くため、バランスをとる力がアップ。姿勢の改善にもむすびつく。市販品ということもあり、練習ではなく遊びとして入っていきやすい。

3 ツイスターゲームは、手足をルーレットの目と同じ色のマスに乗せる遊び。姿勢を維持できず、転んだほうが負け。

4 指定のマスに手足を乗せようとすると、ふだんとらないポーズがとれる。ゲームをしながら感覚が鍛えられる。

指定が増えれば増えるほど、無理な体勢に。一生懸命バランスをとる

手元にも注目！

ツイスターゲームやストレッチのとき、子どもの手のひらの置き方に注目！　指が伸び、手のひらで体重を支えているのが「手掌支持」。手の器用さの基本はここから。

手掌支持

手根支持。手首の付け根（手根部）に体重がのっている。手のひらが浮き、指が曲がる

5 ふたり以上で遊ぶと、人との接触もあるため、触覚の感覚も働く。きょうだいや友達と楽しむとよい。

- 回数の目安：週２～３回、 30 分間
- 程度の目安：手足の関節を痛めないように注意
- 難易度アップ：最初はひとり、次に複数で遊ぶ

アレンジ

太極拳《たいきょくけん》

太極拳でもボディイメージが育つ。片足をあげてバランスをとったり、手足を特定のポーズにしてゆっくり動かすなど、前庭覚や固有覚を働かせるのにぴったりの活動に。

親子で教室に通い、太極拳を習うのもよい

音遊び

スピーカーなどを使って、音がこわくないことを体感する

1

CD プレイヤーなどのスピーカーを使って音遊びをすることを説明。音への恐怖感をやわらげる遊び。

消音からスタート。その次はごく小さな音にして聴く

2

子どもが苦手とする音を録音。スピーカーで再生する。しっかりと聴き入る状態で、スイッチは子どもが自分でオンに。音量ゼロで試してみて、スイッチオンにしても「こわくなかった！」と体感する。

どんな子に向く？

- 運動会のピストルが苦手
- 特定の物音をこわがる
- 臆病で、すぐに身構える

ねらい

聴覚を適切に働かせる

聴覚を働かせる経験を積み、ピストル音やエアータオルの音、エンジン音などは危険な情報ではないということを理解する。耳をすますことや聞き分けることを通じて聴覚の使い方を学ぶ。

効果

音への恐怖がやわらぐ

聴覚防衛反応が改善されることで、音の聞き分けができるようになり、集中力が上がる子も。臆病にはみえなくなる。ただし、疲れたり体調不良になったりすると恐怖感が復活する場合も。

音を聞いても危険がないとわかると、苦手な音も聞けるようになっていく

3 スイッチを入れてもこわくならないことが学習できてきたら、小さな音を出す。身構えない音量に。

4 自分でスイッチを入れることによって、聴くことに注意を向けられる。こわくないことがわかる。

5 「こわくなかった！」という体験が積み重なる。音を少しずつ大きくすることで防衛反応が軽減する。

- 回数の目安：週に２～３回くらいのペースで少しずつ大きくしていく
- 程度の目安：子どもが注意を向ける音量で続ける
- 難易度アップ：本人以外がスイッチを入れる

音遊びは注意が向く音量でおこなうのがポイント

アレンジ

風船遊び

破裂音が苦手な子の場合には、緩衝材や風船を使うとよい。子どもが自分で針を持ち、緩衝材や小さな風船をプチッとつぶして、音を聴く。じょじょに風船を大きくしていく。

楽しみながら小さい破裂音を聴くのがポイント

コラム

実感してみよう！
前庭覚と眼球運動のつながりを実感

1 本を手で持ち、目の前にくるように位置を調整。まず、そのまま読んでみる。

2 頭や首を動かさず、手を左右に動かしながら本を読む。字が読みづらくなる。これは、頭が固定されているため、前庭刺激が入らず、眼球運動がコントロールしにくい状態であるから。前庭覚のつながりが未発達な子は、このような読みづらさを感じていることが多い。

読むために必死で視線を動かすが、ほとんど読めない

あまり意識しなくても視線は本に集中。それなりに読める

1 同じように、本を手で持ち、目の前にくるように調整。そのまま読む。

2 今度は手を動かさず、先ほどと同じスピードで、頭を左右に振りながら本を読む。手を動かす場合よりも読みやすい。頭が動くと前庭刺激が入り、眼球運動がコントロールできるため。前庭覚と眼球運動のつながりが実感できる。

4 「気づいたら できていた」を 目指して

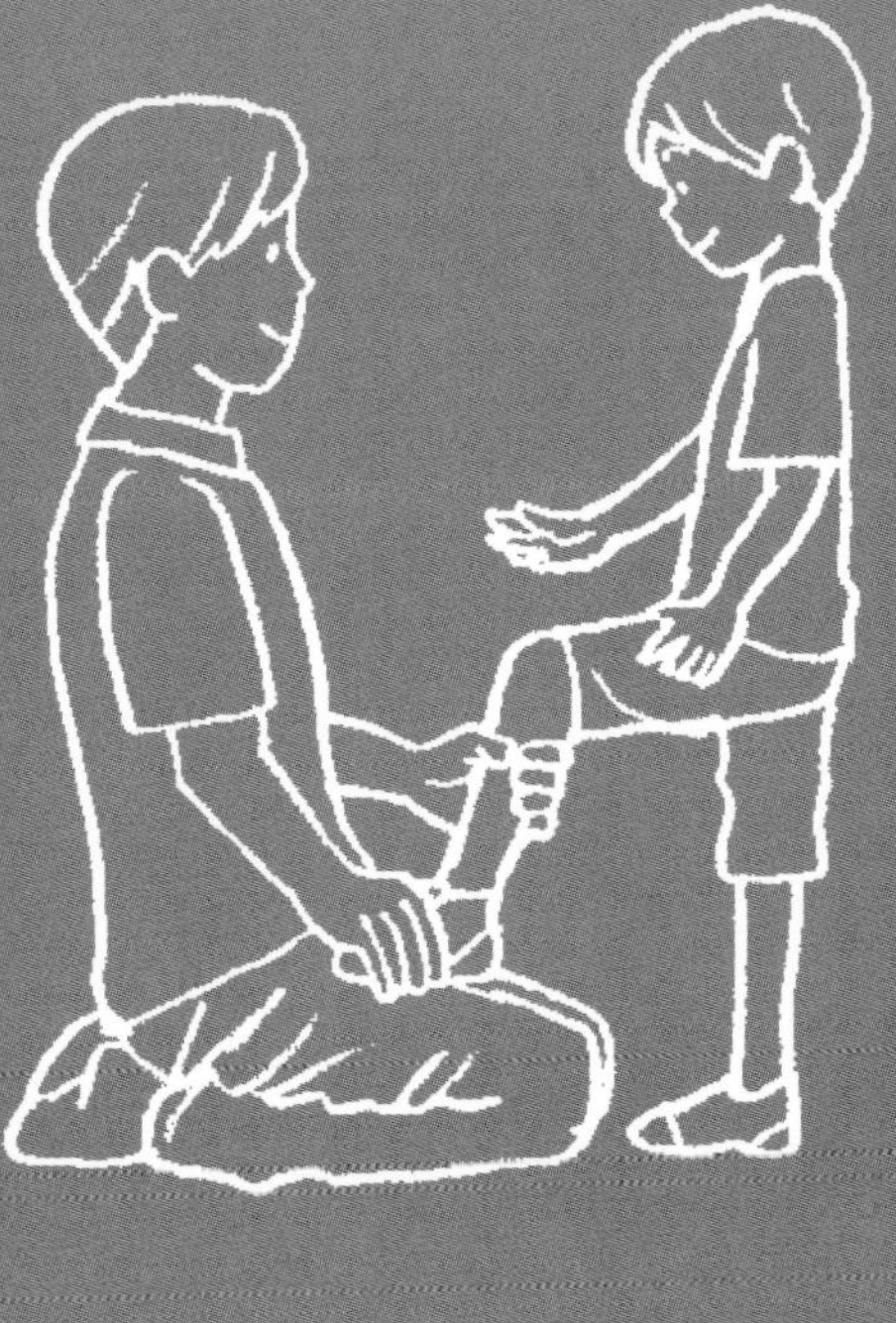

子どもの感覚面・運動面の悩みを
解決するために、遊びを提案するのは、
遊びは楽しく、興味をもってできるからです。
楽しみながら体を使い、学ぶことができれば、
運動などに苦手意識がある子も、
すくすく成長できます。

遊ぶときのポイント

夢中になって遊んでいるうちに感覚が育つ

感覚遊び・運動遊びの理想像は、親も子も気づかないうちに成長してしまうことです。かつては外遊びなどで感覚を使うことが当たり前でしたが、いまは工夫も必要です。

子どもが自分からとりくめることを

親が勝手に遊びの種類や目標を決めて遊ばせるやり方では、うまくいきません。最初はよくても、いずれ子どもがあきたり挫折したりして続けられなくなります。

どの遊びも、子どもの興味が向くことから考えたいものです。親はわが子の特徴と、その対策となる遊びを理解して、子どもがすすんでとりくめるものを探します。

興味が苦手意識を上回れば理想的

体を動かすことに苦手意識をもっている子でも、好きな遊びには意欲的にとりくめます。「やってみたい」という気持ちが、苦手意識を上回るからです。

遊びのなかでは、日頃さわりたがらないものにも、興味をもってふれたりします。興味を活用することがひとつのポイントです。昔のように、木のぼりや虫とりなどを体験するのもよいでしょう。

作業療法士の仕事

作業療法士は、医療分野の国家資格のひとつです。病気やケガに苦しむ患者さんに、治療の一環となる作業を提示し、指導・支援します。その考え方が、感覚遊び・運動遊びにも活用できます。

作業療法士は「OT」

作業療法士は英語でOccupational Therapist。直訳すると「作業」「治療者」という意味

↓

Oは「夢中になる」

Occupationには「占有」という意味もある。心を奪われ、夢中になることと解釈できる

↓

楽しい「遊び」を提供する！

夢中になれる作業を提供し、その作業を通じて人の力を引き出すのが作業療法士の仕事

数字が好きな子なら、手先の練習に数字の形のはめ板が活用できる。手探り遊びをしているうちに、触覚が発達し、指先の不器用さも改善する

楽しみながら成長する

はしを使うのが下手な子に、はし使いの猛練習をさせるのは酷です。子どもは失敗して、苦手意識を強くして、傷つきます。そうではなく、子どもが興味をもてるほかの経験を通して、楽しみながら手先を使えるように導くほうがよいのです。

過剰	適度なとりくみ方	不足
× ひたすらがんばり、くり返す方法では逆効果になりやすい。子どもが楽しめるレベルに調節する	○ **集中できる** 子どもが興味をもち、適度に集中してとりくめるのが、よいプログラム。すぐにはみつからないので、試行錯誤しながら探す	× 子どもが自分の力で育つまで待っているだけでは、なにもはじまらない。いますぐできることがある

専門家は

裏づけのある療育を伝える

専門知識を使って、専門家としての視点から、家族にアドバイスをします。すべての助言に、根拠がなければいけません。それが、専門家の仕事です。また、知識に頼るだけでなく、子ども一人ひとりの困難を理解しようとする努力も、つねに必要とされます。

家族は

親も楽しむ余裕をもつ

子育てにはお金と時間がかかり、そのうえ気力と体力も必要です。親といってもひとりの人間ですから、自分の生活が吸いとられるように減っていくのは、こたえるもの。それ以上の負担にならないよう、遊びには自分自身楽しめそうなルールを設定しましょう。

子どもが自分で自分をはげませるように

子どもの成長の基盤は、自己有能感です。「自分にはこんなことができる」という感情が、自分自身へのはげましとなり、次のステップへの意欲となります。

自分で自分をはげませるように

自己有能感は、ひらたく言えば「生まれてきてよかった」と思える気持ちのことです。その気持ちが、人間のあらゆる行動や成長の下支えとなります。自分の価値を理解しているからこそ、失敗しても自分をはげますことができ、継続的に挑戦できるのです。

大人は結果をほめる以上に、子どもの努力の過程をはげましましょう。そうするうちに自己肯定的な子になり、少しくらい失敗しても立ち直れるように育っていきます。

自己有能感を育む

自信は、ほかの子との比較で身についた場合、やがて優越感になったり、逆に劣等感に転じたりする場合があります。「あの子より上手だね！」というほめ方では、自信といっしょに優越感が育ってしまうこともあるのです。

POINT

絶対値か比較値か

自己有能感は、自分の絶対的な価値。ほかの子がどうあれ、ゆらぐことはない。優越感は比較の結果。周囲にあわせて価値が変わる。

優越感

まわりの子と比べて自分が優れているという感じ方。うぬぼれてしまう可能性あり

優越感と劣等感は表裏一体。すぐに逆転する

劣等感

まわりの子と比べて自分は劣っているという感じ方

自己有能感と優越感は似て非なるもの

自己有能感

自分自身をはげまし、ほめる感情。ほかの人との比較ではなく、自分そのものを肯定的に受け止める

自己有能感を育てる５つのポイント

感覚面・運動面につまずきがあると、日常生活でうまくできなかったり、つらい思いをしたりすることが多く、自信を失いがちです。大人は５つのポイントを意識して、子どもの自己有能感を支えてください。

1 はげます

結果が思わしくなくても、子どもが努力していることをはげます

2 受け止める

子どもの存在を、無条件に受け止める。叱るのも、子どもの話を聞いてから

3 選んでもらう

食事や遊びなどで選択肢をみせる。子どもが自分で選び、自分で決められるようにする

4 成功をうながす

課題を子どもにあわせて調整する。成功しやすい環境を用意して、達成感をもたせる

5 共感する

成功したときにはいっしょに喜び、失敗したらいっしょに反省する。感情を共有する

子どもが結果を出す前にほめる。片づけはじめたら声をかけて

専門家は

子どもにあう課題を探す

子どもの様子にあわせて感覚遊び・運動遊びの種類や難易度を調整するのは、親には難しい作業です。課題の調整は専門家がおこないましょう。ひとつのプログラムを提示したあとには、その経過を聞きとり、子どもにあわせて内容を調整してください。

家族は

子ども時代を振り返る

幼いころ、自分がどう育てられたか、振り返ってみましょう。甘やかされた人は子どもにも甘く、厳しく育てられた人は厳しくなりがちです。それを意識しながら、自分がしてほしくなかったことを思い出すなどして、自分らしい育て方を探しましょう。

遊ぶときのポイント

親は楽しく育てる、専門家は正しく育てる

子どもに無理をさせないことに加えて、親自身も無理をしないことが大切です。ひとりでがんばるのはやめ、自分の役割を確認しましょう。

役割を区別する

親が自分の役割と専門家の役割を区別して、専門家の領域に踏み出さないようにすると、気持ちが落ち着き、やるべきことが明確にみえてきます。

親ってなに？

- 無資格・無試験でなれる
- 無休で子育てしている
- いつまでも親は親。やめられない
- 子どもの衣食住を確保し、虐待をしていなければ、まずは親として合格！
- 障害受容の義務はない（できたほうがよい程度）
- できることには限界がある

親は楽しく育てていく！

専門家ってなに？

- 保育士や教師、指導員などの資格要件や採用試験がある
- 給料をもらっている
- 仕事なのでやめられる
- 担当している子にあったプログラムを提供する

専門家は正しく育てていく！

親と専門家の役割を分けて考える。親は専門家ではないので、正しい育て方を知っていなくても当たり前

専門家のノウハウを活用する

子育てをなにもかも、親がひとりでやる必要はありません。親はわが子をたくすことができる専門家や理解者を探し、その人たちと連携して、自分にできることをしていけばよいのです。

子育ての専門家は、保育園や幼稚園、学校などの教育機関のほかに、医療機関や療育機関などにもいます。近隣の関連機関を活用して、自分たちの支えとなってくれる専門家を探してください。

そして、専門家の知識やノウハウを子育てにとり入れ、親自身が楽しんで生活できるように、していってください。

親のがんばりを認め、はげましてくれる指導者がいたら、頼ってよい

親は頼れる専門家を探す

子どもが順調に育っていかない背景には、さまざまな発達のつまずきがあります。その一つひとつに子どもが必要としている発達ニーズがあり、それを読みとってアドバイスするのが専門家の役割です。

相談する

医療機関や療育機関、教育機関などに行き、専門家に子育ての悩みを相談する

頼れる人に会う

相談を続けるなかで、頼れる専門家に出会う。親自身もはげまされ、元気になる

いっしょにとりくむ

専門家任せにするのではなく、親も課題にいっしょにとりくむ。55ページを参考に

POINT

よい専門家の条件

よい専門家の条件の例として、3つのポイントが挙げられる。①子どもの発達ニーズが読みとれる、②親の子育てニーズが読みとれる、③親子が生活にとり入れやすいホームプログラムを提供できる。

専門家は

指導ではなく支援する

専門家は「指導者」ですが、親を指導するのが必ずしもよいとはかぎりません。適応能力のつまずきがある子は、親にとって育てにくい子となります。その子を育てるために、親は努力をしています。それでも難しいという現実を理解し、親を支援しましょう。

家族は

対応について質問する

対応について、専門家に聞きましょう。ポイントは3つ。①なぜ特定の行動ができないのか、②対策として家庭でなにができるのか、③将来的な見通しはどうか。この3つを聞くことから、少しでも解決の糸口を見出していきたいものです。

大切な
2つの視点

発達的視点 子どもの「未学習」「誤学習」を読みとる

子どもをみるときに大切な二つの視点があります。ひとつは、発達のつまずきを年齢だけでなく、その子のもつ特徴をふまえて理解する「発達的視点」。もうひとつは「療育的視点」です。

子どもの学びをくわしくみる

子どもに適応能力のつまずきがあるとき、ただ成長が遅れているだけだと考えると、対応を誤ることになりがちです。

いわゆる健常児の場合、自ら挑戦する能力や、学んだことを経験にそって書きかえる能力があります。ですから、ものごとを一つひとつ教えなくても、適齢になれば自分で学び、さらには、学びなおすことができるのです。

いっぽう、発達のつまずきがある子は、困難を自力では克服しにくいことが多く、「未学習」や「誤学習」になりがちです。その点に目を向けることが大切です。

検査では平均とのずれをみる

一般的な心理検査や発達検査は、年齢が何歳のときになにができれば正常発達か、というものさしで成り立っています。このとらえ方だけでは「なぜできないのか」は説明しきれません。

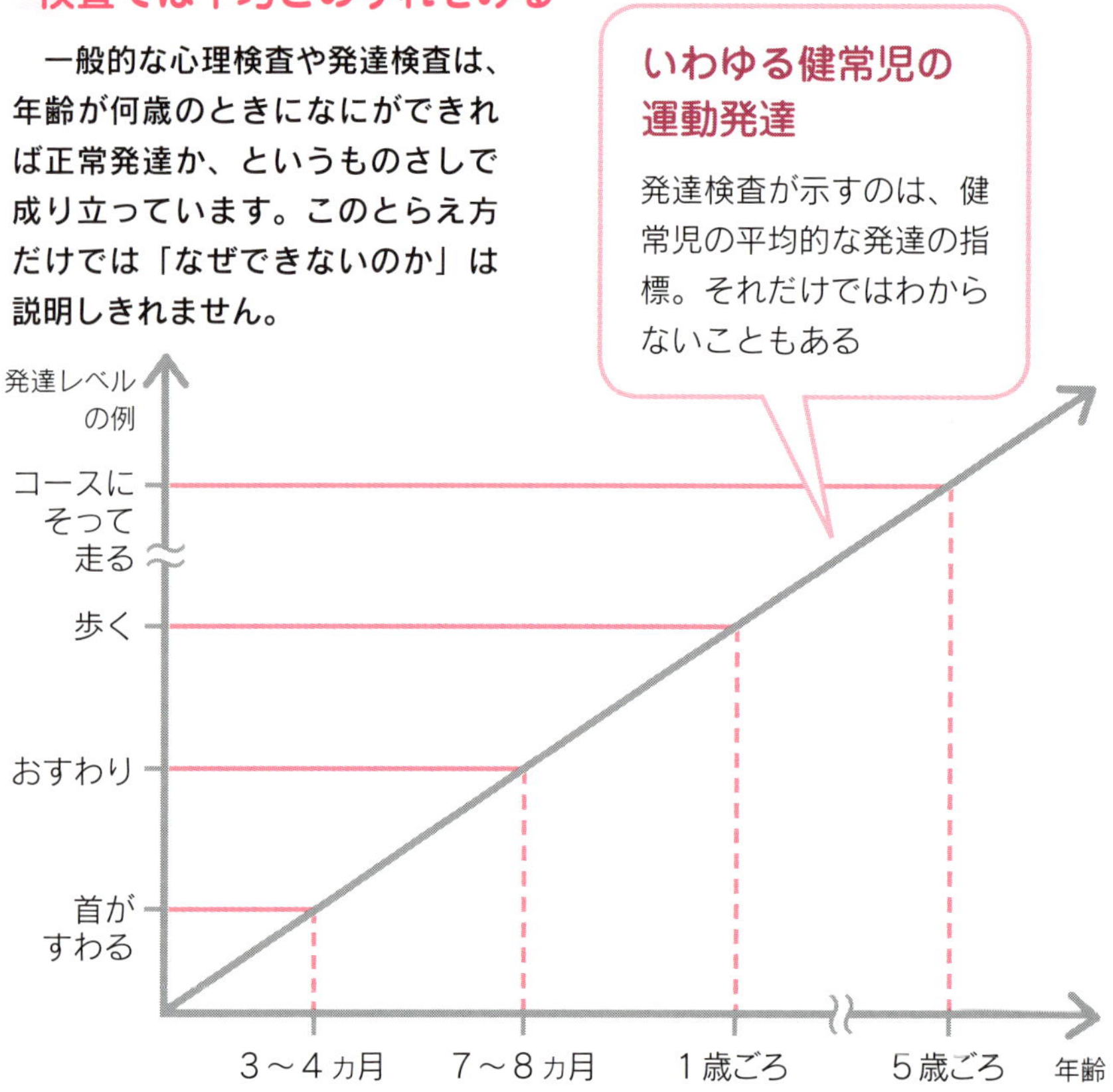
いわゆる健常児の運動発達
発達検査が示すのは、健常児の平均的な発達の指標。それだけではわからないこともある
発達レベルの例
コースにそって走る
歩く
おすわり
首がすわる
3～4ヵ月
7～8ヵ月
1歳ごろ
5歳ごろ
年齢

発達の仕方を個々にみる

発達的視点で子どもをみると、育ちにくさの背景に通常の保育・教育を通じにくくさせる要因があることが理解できます。その要因が未学習と誤学習にむすびつき、子どものつまずきを引き起こしていることがわかるのです。

未学習に気づく

子どもが自力では学べない「未学習」に目を向ける。たとえば感覚のトラブルがあり、姿勢の崩れが生じている場合、本人の努力だけでは姿勢の調節を学びづらい。

たて笛がうまく吹けないことについて、その背景を考える

誤学習に気づく

子どもが誤った学び方をする「誤学習」に目を向ける。たとえば感覚のトラブルがあり、触覚防衛反応が出ていると、人との関わりをさけることなどを学んでしまう。

発達的視点

専門家も 家族は

4つの常識にとらわれない

「子育てとはこういうもの」という既存の知識にとらわれると、子どもに無理をさせる場合があります。とくに「がんばる」「くり返す」「慣れる」「我慢する」の４つに注意。これらの常識は、子どもの成長の見通しが立っている状況でないと、逆効果になります。

がんばらせると、つらさを誤学習しやすい

くり返し練習させられパターンだけが身につきやすい

無理に慣れさせることで感性がすり減りやすい

我慢させられて自発性がそこなわれやすい

専門家は

背景を理解する

検査結果や相談内容も参考にしながら、子どもの困難を３つの座標軸でみましょう。①いつからその状態が目立つか（時間軸）、②どこに行ってもそうか（空間軸）、③状況しだいで変化するか（場面軸）、の３つです。未学習と誤学習に気づきやすくなります。

療育的視点 仮説を立てて考える

発達的視点とともに重要なのが「療育的視点」。子どもの状態を理解したうえで、どのような育て方をすればよいか、仮説を立てて考える視点です。

「どうして」と「どうやって」を考える

感覚遊び・運動遊びのプログラムは「どうして」と「どうやって」の二つの視点を大切にしています。

子どもに適応能力のつまずきがみられたときには、まず「どうして」その子が困っているのか、原因仮説を立てて考えることが大切です。そのためには専門知識が欠かせません。ぜひ、専門家の力を借りてください。

原因がわかってきたら、今度は「どうやって」対応できるか、方法仮説を立てて考えます。そのようなプロセスをへて、プログラムが形成されるのです。療育的視点からのアプローチです。

「目標ありき」ではダメ

私たちは子どもにものを教えるとき、まず目標を設定しがちです。しかし、最初に目標ありきでは、そのための方法論や教材を探すことに意識が集中し、子ども一人ひとりの特徴には目が向きません。

目標を立てる

はしを上手に使うことを目指し「手先を器用にする」という目標を立てる

↓ ✕

結果を求める

手先を器用にするにはブロック遊びがよいと思いこみ、とにかくブロックを使う

ひたすらブロックを組むだけでは、手を動かすのも嫌になってしまう

洋服のタグを嫌がる子がいたら「触覚防衛があるのでは?」と仮説を立ててみる

「評価ありき」でとりくむ

子どもにあった対応をして、その子本来の力を発揮させるには、最初に評価ありきの対応がよいでしょう。まず子どもの特徴をみて、それにあわせた方法を考えます。それが療育的視点です。

評価する

目の前の困難だけでなく、子どもの状態像・発達像を広い視野で理解する

方法を考える

どのような対策をとれば、わが子にとってわかりやすく効果的なのか、考える。専門家のアドバイスを求める

原因を探る

どうして困難が生じているのか、その背景を考える。専門家に相談して、子どもの特性を説明してもらう

療育的視点

POINT

仮説を立てる

評判のよい方法をそのままとり入れるのは失敗のもと。子どもの様子をみて、困難の原因や対策についての仮説を立て、実践して試しながらよい方法を探す。

専門家は

知識を使って仮説を立てる

子どもの様子を専門家の視点から分析して、本人や家族にわかる言い方で説明するのが、専門家の役割です。どうして(原因仮説)やどうやって(方法仮説)、どうなるか(効果仮説)を伝えるためには、その分野についての知識を広げ深める努力が大切です。

家族は

ハウツーだけを求めない

結果を求めて、そのためのハウツー、つまり対応法だけを覚えるやり方には限界があります。子どものつまずきには原因があり、そのために遊びをするという流れを知らないと、遊びがうまくいかなかったときに、柔軟にアレンジすることができません。

コラム

実感してみよう！

そっとさわる、はっきりさわるの違い

1

まずは道具で実感。目をつぶり、家族や友達に、身近な道具のどれかで、手にそっとふれてもらう。なにがふれたかわからない。

ペンのプラスチック部分とゴム部分をそれぞれ当て、違いを感じる

2

次に、同じ道具を手にぎゅっと当ててもらう。なにがふれたか、どの部分か、ある程度わかる。このとき、識別系が働いている。

3

今度は人の指で実感。目をつぶり、家族や友達に、指１本でそーっと腕をなぞってもらう。くすぐったくてぞっとする。これは原始系の働き。原始系優位の子は触覚過敏だが、そっとふれると、かえってぞっとさせてしまう。

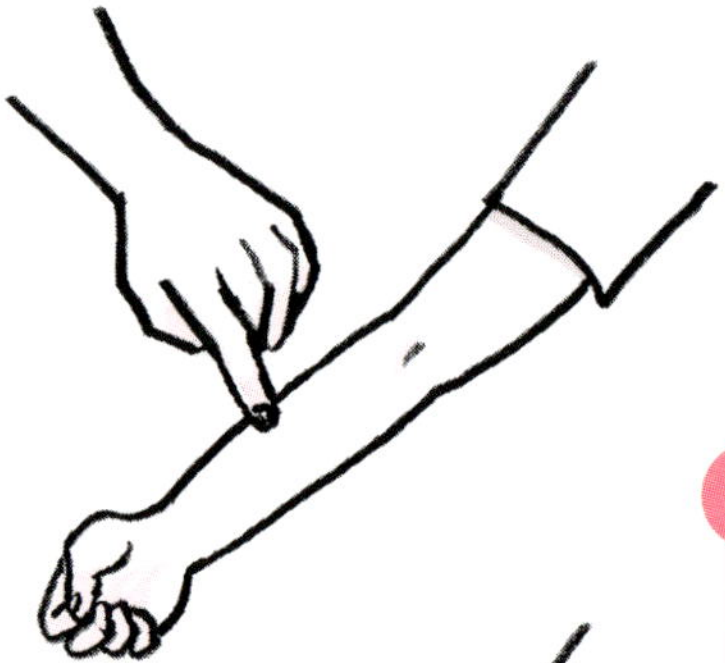

ピンポイントでそっと弱くさわられると、鳥肌が立つ。ほおずりを嫌がる子の感覚

4

同じように目をつぶり、手でぎゅっとにぎってもらう。にぎられたことがわかる。くすぐったくない。識別系が働いている。原始系優位で触覚過敏にみえる子は、このようにしっかりふれると、あまり嫌がらない。

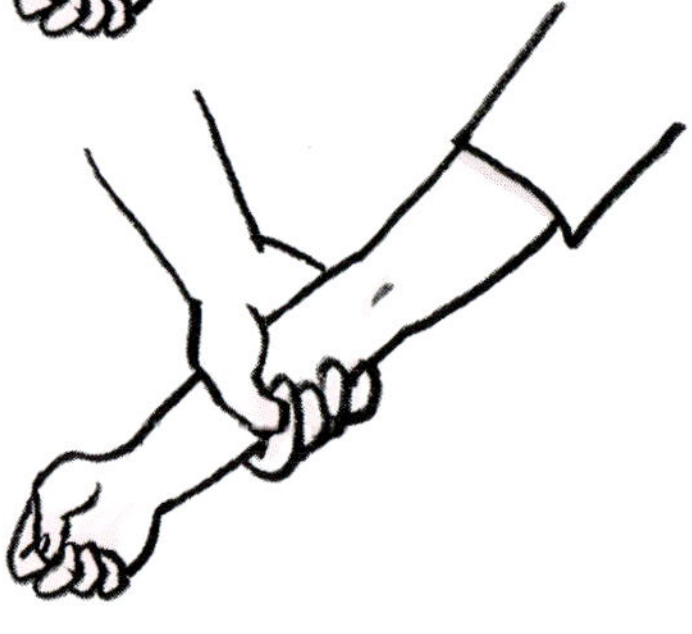

広く均等に圧力をかけてさわられると、つらくない。過敏な子にはこの対応を

■監修者プロフィール

木村　順（きむら・じゅん）

1957年、大阪府生まれ。作業療法士。日本福祉大学社会福祉学部卒業、都立保健科学大学大学院修了。金沢大学医療技術短期大学部、金沢大学付属養護学校、うめだ・あけぼの学園などをへて、2004年に私塾「療育塾ドリームタイム」を設立。発達障害などに悩む親子の相談を受けている。三児の父親。

専門は発達療育。著書に『育てにくい子にはわけがある』（大月書店）などがある。

連絡先（Eメール）kimura@dreamtime.jp

編集協力
オフィス201

カバーデザイン
小林はるひ
（スプリング・スプリング）

カバーイラスト
山本正明

本文デザイン
南雲デザイン

本文イラスト
梶原香央里

健康ライブラリー

発達障害《はったつしょうがい》の子《こ》の
感覚遊《かんかくあそ》び・運動遊《うんどうあそ》び
感覚統合《かんかくとうごう》をいかし、適応力《てきおうりょく》を育《そだ》てよう 1

2010年10月22日　第1刷発行
2025年5月14日　第20刷発行

監修	木村　順（きむら・じゅん）
発行者	篠木和久
発行所	株式会社 講談社 東京都文京区音羽2丁目-12-21 郵便番号　112-8001 電話番号　編集　03-5395-3560 販売　03-5395-5817 業務　03-5395-3615
印刷所	TOPPAN クロレ株式会社
製本所	株式会社若林製本工場

N.D.C.493　98p　21cm

ISBN978-4-06-259654-1

■取材協力

木村家のみなさま
「療育塾ドリームタイム」参加者のみなさま
療育スタジオさくら（本書の監修者・木村順が毎月4回程度、個別療育を実施。埼玉県川口市。電話048-291-5312にて受付）

■参考文献・参考資料

木村順著
『育てにくい子にはわけがある』（大月書店）

木村順作成
「コメントペーパー」（療育塾ドリームタイム）

木村順監修
『これでわかる「気になる子」の育て方』（成美堂出版）

佐藤剛監修、永井洋一・浜田昌義編集
『感覚統合Q&A　子どもの理解と援助のために』（協同医書出版社）

佐藤剛・土田玲子・小野昭男編集
『「みんなの感覚統合」その理論と実践』（パシフィックサプライ）

KODANSHA